應用社會科學調查研究方法系

U0023022

改進調查問題：設計與評估

Improving Survey Questions：
Design and Evaluation

Floyd J. Fowler, Jr. 著
傅仰止、田芳華譯
章英華校閱
國立編譯館主譯

弘智文化事業有限公司

Floyd J. Fowler, Jr.

Improving Survey Questions : Design and Evaluation

Copyright © 1995
By Sage Publications, Inc.

ALL RIGHTS RESERVED

No part of this book may be reproduced or
transmitted in any form by any means,
electronic or mechanical, including photocopying,
recording, or any information storage and
retrieval system, without permission, in writing,
from the publisher.

Chinese edition copyright © 1999
By Hurng-Chih Book Co., Ltd..
For sales in Worldwide.

ISBN 957-98081-6-3
Printed in Taiwan, Republic of China

前言

　　我相信調查問項的設計和評價,是目前改進調查研究中最豐富而多產的一個方法學領域。拙劣的問卷設計比比皆是,而改善問卷題目設計是用來提升調查資料品質最簡單、最符成本效益的步驟。

　　這本書的主要前身,是我在密西根大學和 Charles F. Cannell 合作的一項計畫。這項計畫探討調查問卷預試的種種可行方法。我們從政府和學術界的主要調查,選擇出一些問題作為評估的焦點。雖然主要的研究目的不在於評量目前調查問題的品質,我們卻發現著名調查機構所進行的問卷調查裡面,有些題目不能符合最低要求。在我看來,現行的調查研究實務顯然可以辦得更好。不論是問卷設計的研究,或者評估題目的技巧方面,都在過去十年內有明顯的進展。雖然這些研究都還在進行,還是有無數有根據的準則,指引我們如何設計、評估問卷題目。這本書的主題,就是在討論這些準則。

　　改進調查問卷題目有個特別的難題需要克服:各種不同背景、沒受過特殊訓練的人,都在寫調查問卷題目。隨

手列舉，就有政客、律師、經濟學家、會計師、新聞記者，這幾類人在出問卷題目。每個人都以為他（她）可以寫出好的問卷題目。這本書的對象，就是那些要寫好問卷題目，還有那些要使用調查結果的人。只要這些人受過相當教育，就應該能夠閱讀、理解這本書所要傳遞的訊息，而不受制於統計上的論題，也不要給社會科學的專用術語嚇唬住。

這些訊息裡面最重要的，大概就是如何對問題本身加以評估。本書第 5 章討論如何在實施正式調查前評估問題，無疑是最重要的一章。在現有的大多數調查機構裡，對調查問題的評估都還相當粗糙。我相信第 5 章所摘錄的一些草案，要是能夠成為調查研究應該遵循的常例，調查研究的品質將會明顯提升。因此，如果說我對這本書有個首要的寄望的話，就是希望它能夠發揮功能，讓問卷題目在施測之前，儘量能夠先經過仔細評估。

Jack Fowler

叢書總序

美國加州的 Sage 出版公司，對於社會科學研究者，應該都是耳熟能詳的。而對研究方法有興趣的學者，對它出版的兩套叢書，社會科學量化方法應用叢書（Series: Quantitative Applications in the Social Sciences），以及社會科學方法應用叢書（Applied Social Research Methods Series），都不會陌生。前者比較著重的是各種統計方法的引介，而後者則以不同類別的研究方法為介紹的重點。叢書中的每一單冊，大約都在一百頁上下。導論的課程之後，想再對研究方法或統計分析進一步鑽研的話，這兩套叢書，都是入手的好材料。二者都出版了六十餘和四十餘種，說明了它們存在的價值和受到歡迎的程度。

弘智文化事業有限公司與 Sage 出版公司洽商，取得了社會科學方法應用叢書的版權許可，有選擇並有系統的規劃翻譯書中的部分，以饗國內學界，是相當有意義的。而中央研究院調查研究工作室也很榮幸與弘智公司合作，在國立編譯館的贊助支持下，進行這套叢書的翻譯工作。

一般人日常最容易接觸到的社會研究方法，可能是問

卷調查。有時候，可能是一位訪員登門拜訪，希望您回答就一份蠻長的問卷；有時候則在路上被人攔下，請您就一份簡單的問卷回答其中的問題；有時則是一份問卷寄到府上，請您填完寄回；而目前更經常的是，一通電話到您府上，希望您撥出一點時間回答幾個問題。問卷調查極可能是運用最廣泛的研究方法，就有上述不同的方式的運用，而由於研究經費與目的的考量上，各方法都各具優劣之處，同時在問卷題目的設計，在訪問工作的執行，以及在抽樣上和分析上，都顯現各自應該注意的重點。這套叢書對問卷的設計和各種問卷訪問方法，都有專書討論。

問卷調查，固然是社會科學研究者快速取得大量資料最有效且最便利的方法，同時可以從這種資料，對社會現象進行整體的推估。但是問卷的問題與答案都是預先設定的，因著成本和時間的考慮，只能放進有限的問題，個別差異大的現象也不容易設計成標準化的問題，於是問卷調查對社會現象的剖析，並非無往不利。而其他各類的方法，都可能提供問卷調查所不能提供的訊息，有的社會學研究者，更偏好採用參與觀察、深度訪談、民族誌研究、焦點團體以及個案研究等。

再者，不同的社會情境，不論是家庭、醫療組織或制度、教育機構或是社區，在社會科學方法的運用上，社會科學研究者可能都有特別的因應方法與態度。另外，對各種社會方法的運用，在分析上、在研究的倫理上以及在與既有理論或文獻的結合上，都有著共同的問題。此一叢書對這些特定的方法，特定的情境，以及共通的課題，都提

供專書討論。在目前全世界，有關研究方法，涵蓋面如此全面而有系統的叢書，可能僅此一家。

弘智文化事業公司的李茂興先生與長期關注翻譯事業的余伯泉先生（任職於中央研究院民族學研究所），見於此套叢者對國內社會科學界一定有所助益，也想到可以與成立才四年的中央研究院調查研究工作室合作推動這翻譯計畫，便與工作室的第一任主任瞿海源教授討論，隨而與我們兩人洽商，當時我們分別擔任調查研究工作室的主任與副主任。大家都認為這是值得進行的工作，尤其台灣目前社會科學研究方法的專業人才十分有限，國內學者合作撰述一系列方法上的專書，尚未到時候，引進這類國外出版有年的叢書，應可因應這方面的需求。

中央研究院調查研究工作室立的目標有三，第一是協助中研院同仁進行調查訪問的工作，第二是蒐集、整理國內問卷調查的原始資料，建立完整的電腦檔案，公開釋出讓學術界做用，第三進行研究方法的研究。由於參與這套叢書的翻譯，應有助於調查研究工作室在調查實務上的推動以及方法上的研究，於是向國立編譯館提出與弘智文化事業公司的翻譯合作案，並與李茂興先生共同邀約中央研究內外的學者參與，計畫三年內翻譯十八小書。目前第一期的六冊已經完成，其餘各冊亦已邀約適當學者進行中。

推動這工作的過程中，我們十分感謝瞿海源教授與余伯泉教授的發起與協助，國立編譯館的支持以及弘智公司與李茂興先生的密切合作。當然更感謝在百忙中仍願抽空參與此項工作的學界同仁。目前齊力已轉往南華管理學院

教育社會學研究所服務，但我們仍會共同關注此一叢書的
推展。

章英華・齊力
于中央研究院
調查研究工作室
1998 年 8 月

目 錄

1

用問項來測量：總覽

怎麼樣算是個好的問項

　　社會科學裡重要的測量是奠基於問答的過程，醫學上的情況也逐漸向這種趨勢發展。孩童針對標準測驗裡的問題作答，測驗的結果用來測量智力；失業是從「就業狀況」和「從業意願」的答案來計算；醫療結果的研究也要依靠病人回答跟健康狀況和生活品質有關的問題。

　　有些合意、有用處的訊息，只有靠問問題這種方式才能蒐集，這些訊息幾乎沒有止境。有時候這是因為我們要知道一些事實，而這些事實很難作有系統的觀察。舉例來說，雖然有些犯罪會向警方報案，卻有很多都沒報案。要

估計受害的比率，最好的辦法就是透過抽樣找到一些人，問他們親身受害的經驗。我們也常常很想測量一些只有個人自己可以理解的現象：想些什麼、知道什麼或者作何感覺。

問項和答案顯然都是日常會話中的一部分，都是我們社會生活圈子的一部分。但是這本書的特色就是集中在怎麼樣把日常的過程，轉化成嚴格的測量。

將問話的回答拿來當作測量用，這樣子的觀念有幾點意涵。首先，我們並不是對答案本身有興趣。我們感興趣的是：這些答案能夠讓我們知道什麼其他訊息。因此，優良的問答過程有個關鍵的準繩：這個過程所引出來的答覆，要對我們想要描述的目標提供有意義的資訊。

其次，測量的目的通常在導引出比較性的資訊，用來比較許多人或事件。因此，測量過程在重覆應用的時候，一定要能夠產生一致的結果。

這些要點，已經起了頭，讓我們了解怎麼樣才能好好回答「好的問項應該像什麼樣子」。一個好的問項所引出來的答案，要能夠可靠又有效地測量我們所要描述的現象。

在古典心理測量的意義上，「信度」是用來衡量答案的一致程度：當所要描述的狀態一致的時候，答案也是一致的（Nunnally, 1978）。而「效度」則是在評量我們所得到的答案，跟我們想要描述或測量的那些假想的真實價值，彼此契合到什麼地步（Cronbach & Meehl, 1955）。

政治活動、報紙、開拓市場的行銷組織、政府、大學學者等等，每一年都委託調查，從成千上百的民眾裡來蒐

集資料。這些調查透過郵遞、電話以及面對面訪問來進行。調查的內容幾乎包含所有想像得到的主題。雖然調查資料裡藏有若干偏誤的根源，這些調查結果的效度，還是以問項設計爲關鍵。

　　不論用什麼模式蒐集資料、研究主題是什麼，問項總有一些共同標準可資遵循；要如何切合這些標準，也有一些共同的原則。雖然本書主要是集中在一般母體人口調查的問項設計，書裡面還是詳細說明了一般的原則。在使用問項來提供有系統的資訊，以描述任何一個人群或事件的時候，這些原則都派得上用場。

影響測量的問項與答案特質

　　要衡量一個問項是不是好的測量指標，就必須考慮問項本身的形式和用詞，以及設計這個問項是要激發出什麼樣的答案。

　　好的問項有個共同標準：所有回答這個問項的人對它的了解都一致，也跟研究者設計的原意一致。這項期望是最難辦到的標準之一，因爲受訪者對語言的運用和理解，可能有異於研究者，跟其他的受訪者也不同。儘管有困難，要遵循這個標準到什麼地步，卻是最後測量品質的關鍵所在。

　　第二，好的問項必須能夠用一致的方式來執行訪問。

呈現問項的方式，包括用書面文字直接讓受訪者理解，或者由訪員把問項讀出來給受訪者聽。如果是用文字來呈現問項，標準就是所有的受訪者都應該能夠看得懂這個問項。如果是由訪員來念這道問項，標準變成訪員可以、也必須按照問項的書面字義把它念出來。

好問項的第三個標準，是透過一致的溝通，讓所有受訪者都明白問項要問出那一類答案，也都能接受這種問法。要是受訪者對「什麼才是充分的答案」有不同理解，那麼所得到的答案，也會隨那些無關於我們所測量的內容，而有所差別。

問項：您是什麼時候搬到坎薩斯市的？
答案可能有下列這幾項：
在 1948 那一年。
在我 10 歲的時候。
在我大學畢業之後。

這些答案都有可能，也都合理，因為這個問項並沒有提供線索，足以讓人知道到底要照那種方式作答。「您是什麼時候搬到坎薩斯市的？」不是個好問項。「您是在那一年搬到坎薩斯市的？」就問得比較好，因為問項載明了所要的答案類型。

問項的另一項準繩，是受訪者能夠回答到什麼程度。當然，在某些個例上，「對方能不能回答問項」本身正是研究者想要探索的資訊——例如當研究者嘗試要測量知識

或能力的時候。當目的不是要測量受訪者的知識時，如果所問的問項還讓人不知道答案，那麼問法本身就造成測量誤差的一個來源。

最後，我們應該問受訪者所願意，而且能夠正確、有效作答的問項。如果部分受訪者有意扭曲答案，測量的效度就減低了。

因此，一個良好的測量過程，是立基於五個基本的問答特徵：

1. 要讓人對問項的理解能夠一致。
2. 以問項向受訪者溝通時也力求一致。
3. 要讓受訪者一致明白什麼是構成適當答案的要素。
4. 除非問題的目的是要測量知識，否則所有的受訪者都應該有權利知道正確答題的資訊。
5. 問項所要求的答案，必須讓受訪者願意提供。

調查研究有個歷史，要把問項設計想成是藝術，而不是科學（參閱 Payne, 1951）。藝術和科學之別，有個關鍵：在藝術上，所謂「優異」存乎一心；在科學裡，所謂「優異」與否則有些一致的標準。就問項設計來說，優異的終極標準，就是問項所製造出來的答案有什麼效度和信度。過去幾十年來，上述概化原則已經發展到可以讓人了解：什麼樣的問項特質才能提供有效的資料？此外，我們也一直在學習怎麼樣把這些概化原則，拿來應用在設計個別的問項。如何設計問項來契合上述提出的這些標準？這本書

就是針對這個問題，敘述我們目前所知。

問項評量

　　雖然有一些概化原則可以遵循，用來指引如何設計好的問項，調查研究還是有個關鍵性的科學成分：對調查問項進行實證的評量。調查研究的測量品質，跟所有科學的測量一樣，可能參差不齊。好的科學需要嘗試將誤差降到最低，也採取步驟來測量殘餘的誤差。藉由這些努力，可以知道我們的資料有多好，才能持續改善我們的方法。

　　問項評量的方向有兩種：一種針對我們所要問的問項加以評估，看這些問項符不符合上述五個訪問過程的標準。另一種則評量訪問結果，也就是評量答案的效度。

　　要衡量問項跟上述過程標準契合到什麼程度，可以採取下列幾種步驟：

1. 焦點團體討論。
2. 透過認知訪談，循序了解並評估訪問對象如何理解問項，在回答這些問項時又有什麼調適反應。
3. 在實際訪問情境下進行預試（pretests）。

　　這些步驟都各有優劣點，可以提供不同資訊，讓我們來反省原來的問項。但是過去十年來，學者越來越重視在

真正應用問項到研究計畫之前，就加以評估，也確實學到運用這些技巧，有系統地提供關於問項的資訊。

除了這些技巧之外，還有一組評估的策略，用來決定問項答案所製造出來的測量結果到底多麼有效。這些策略包括：

1. 分析調查資料，以評量原先預測答案和受訪者特質之間的關聯，到底有多強。
2. 針對類似的樣本，用不同措詞的問項來問，然後比較這些結果。
3. 將答案拿來跟可以查得到的記錄作對比。
4. 對同樣的受訪者在兩個不同時間點作訪問，然後測量答案的一致性。

如果某個特定的問項所得到的答案符合有效的測量，通常可以預測得出來這些答案跟其他答案，或者跟受訪者基本特徵之間有什麼關聯。資料分析的結果，可以提供證據，說明答案的測量符合研究者所要測量的目標。

上述其他幾項評量策略，需要靠特別設計的資料蒐集方法，不是一般問卷調查的範圍。但是這些策略提供很重要的額外方法，足以評估調查測量誤差的嚴重程度。如果相同的問項以兩種形式來問同一個樣本或相近樣本，答案分布應該一樣，才表示沒有誤差。要是說兩個相近的問項不能問出相同的結果，這些結果至少有一方是受到誤差影響。

把調查的答案拿來跟記錄或其他標準核對，並不常見。這種研究不多，最常見的是從那些有記錄可循的人群裡抽樣，例如住過院的人。這些人在訪問中回答跟那些事件有關的訊息，調查所得到的答案再拿來跟記錄資料比對。當然記錄也會出錯，所以調查回覆和記錄之間的差距，並不就是調查誤差的絕對指標。儘管有這點限制，加上這種研究在現實上通常耗費不少，因此相對的來說，也就罕見。不過，靠外部記錄來核對調查答案的研究，還是在方法上帶來重要的進展。

最後，從受訪者當中抽出一群樣本再訪問一遍，把同樣的問項拿來問兩遍，再比較結果，都可以提供有用資訊，讓我們檢驗答案的效度和信度。這種結果也不是就一成不變。如果真的答案本來就是可以改變的，兩次作答之間不一致的地方，並不就一定要解釋成是測量有誤差。但是如果問項是要測量那些不可能在兩次資料蒐集期間有變化的情境或事件，對同樣的問項還有不同作答，那麼就可以推論成可能有誤差了（雖然在不同時間作答一致，也並不就保證兩次答案都對）。

這些方法都能分別對測量品質提供很有價值的證據。運用這些技術的研究，本身就是「用問問題來蒐集資料」這種科學得以精進的重要一環。

本書架構

　　本書的目標，是要教讀者了解我們目前對「如何設計好問項和如何評估問項」這些議題有什麼樣的認識。

　　調查的問項有個區分相當關鍵：設計來測量事實或客觀資料的問項，以及那些為了測量主觀狀況的問項。有些問項是介於主觀和客觀之間的灰色地帶。例如當我們要人衡量自己的健康時，答案是要當作實際健康情形的指標，還是對健康的主觀評價，就在於計畫主持人的判斷了。雖然這麼說，還是有很多問項是針對一些毋庸置疑的客觀事件來確認測量，例如看醫生的次數，或者某人的就業狀況。其他問項則針對完全主觀的狀況來測量，例如看法或立場、態度、意見等。對客觀的問項來說，所謂效度這個觀念，是指調查報告和一些對相同現象的其他測量之間，彼此契合到什麼地步。雖然實際操作時未必分辨得出來，起碼在理論上是如此。相對來說，除了個人自己的報導之外，沒有其他辦法評量主觀狀態的報導。由於問項的目標互異，用來評估其效度的準繩也不相同。本書也就分開討論這兩類問項。

　　第 2 章討論如何針對蒐集客觀事實的資訊，寫出好的問項。第 3 章提出一些概化原則，看看如何設計好的問項，來測度主觀現象。第 4 章討論其他可行辦法，以解決一些常見的測量問題。

　　第 5、6 兩章專門在談評估問項的一些技巧。第 5 章描

述如何來評估教問項讓人理解一致、施測一致的方法，又如何提供受訪者做得到，也願意去做的差事。第 6 章討論可以用什麼不同的方法，來評估取自一組問項的資料。

　　最後一章，第 7 章，把如何設計並評估問項的概化原則，整個作有系統的摘要。

改進調查問題：設計與評估

2

設計問項來蒐集事實資料

　　本章的焦點，放在如何設計問項，來蒐集相關資訊，以測知客觀、可以求證的事實和事件。這種問項有些在問個人的特徵：年齡、性別、移居國或婚姻狀況；有些則要人報導做過的事或親身經歷過的事：找醫生獲求醫療服務、身歷竊盜案的受害者、工作上遭到解雇、因爲酒醉開車被逮捕等。另外還有一類主題涉及人的生活型態：運動量多大、吃了什麼、買了什麼、投票行爲等。

　　雖然課題廣泛，本章要討論的所有問項有個共同的要素：答案所要提供的資訊都可以在客觀基礎上加以證實，至少在理論上如此。沒錯，很多例子並不容易真的可以完全驗證：要記錄下一個人在上個月消耗掉多少罐飲料，或者有多少天因爲受傷或生病而躺在床上，這些事都需要無所不知、無處不在的人在一旁觀察。但是所要探討的課題涉及客觀界定的事件或特徵，這項事實有個重要區別：這

些問項的作答有對錯之別。正確的答案就是那些無所不知、無處不在的觀察者所可能提供的。這一點跟下一章的主題——主觀狀態的測量，成了鮮明對比，因為有關主觀狀態的作答並沒有所謂對或錯。

關於客觀事實的問項之中，有些針對人的特徵，有些則涉及計算或描述事件。有時候又可以用同一道問項同時來問兩者。例如，問受訪者在過去一年中，曾經有幾次在醫院中以病人身分住院過（指過夜或更久），可能得到兩種估計答案。第一，我們可以估計受訪者所經歷的住院總次數。第二，可以估計過去一年中，至少住過一次院的受訪者所佔比例。我們會在接下來的幾頁篇幅裡，討論用什麼策略，來克服有關問項的種種問題。要找到問項設計的最佳處置辦法，有時候會依問項的目標而定：看問項是要用來計算發生次數，還是用來找出人的特徵。

要撰擬好的問項，需要克服下列五點難題：

1. 界定目標，並且明白確認要有什麼樣的答案，才能符合要求。
2. 確定所有受訪者都對問項的意涵有共同一致的理解。更明白的說，所有受訪者都應該在同樣的準繩上，理解問項的關鍵用詞。他們對這些用詞的了解，也應該跟出題者所要表達的意涵一致。
3. 確定所問的問項，是受訪者知道如何作答的題目。至少有三種形式是造成受訪者難以作答的障礙所在：
    A. 受訪者向來就沒有足以作答特定問項的資訊。

B. 有這方面的資訊，可是不能正確想起這些資訊，或者沒辦法想得像問項所要求的那麼詳細。

C. 對那些問到在特定期限中發生事件或經歷的問項來說，難以正確無誤地將事件放在時間定點上。

4. 正確提問，讓受訪者可以在問項所要求的條件下作答。由於調查者所要的和受訪者作答的現實情境之間，未必能完全搭配得好，調查者所要問的問項，很可能只讓受訪者明白字義上的用意，卻無法按照調查所要的方式作答。

5. 所問的問項，要讓受訪者願意正確作答。

要實現所有這些要求，問項的施測方式就必須一致，在所有要作答的受訪者看來，也要有同樣的意涵，這樣子答案才能夠有效集結，轉化成統計資料。

問項的目標

對方法學者來說，最困難的差事之一，在於勸誘那些要蒐集資料的研究者界定自己的目標。「問項目標」和「問項本身」兩者之間的區別相當關鍵。目標用來界定所需要的資訊是什麼種類。要設計一項或一組特定的問項來達到這個目標，卻是個完全不同的步驟。事實上本書所談的，基本上就是整個設計過程：從問項的目標開始透過一組用

詞、單一個問項、一直到最後要達成該目標的問項答案。
有時候目標和問項本身之間的距離很短：

　目標：年齡
　可能問項 2.1：您上次過生日的時候是幾歲？
　可能問項 2.1a：您的出生年月日是那一天？

　　這兩個問項的答案大概都可以符合問項的目標。有一點可能不大清楚：所要的年齡，是要到確實的歲數，還是只要知道大致的類屬，或者四捨五入的約數就可以。問項 2.1 比較容易問出一些四捨五入，以 0 或 5 作為尾數的年齡。由於問項 2.1a 不需要受訪者明白的說出年齡，所以對有些人來說，回答起來可能不像上一題那麼敏感。這兩道問項之間，還可能因為受訪者記憶和計算錯誤，而在作答上產生不同的誤差。儘管如此，兩道問項的目標和所要問的資訊關係密切，也都產生相類似的結果。

　目標：收入
　可能問項 2.2：您每個月從現在這份工作中賺多少錢？
　可能問項 2.2a：您在過去十二個月內，從有報酬的工作上賺了多少錢？
　可能問項 2.2b：去年一年當中，您和所有跟您住在家裡的家人，一共賺了多少錢（包括從工作和其他收入來源都算）？

首先，應該注意這三題問項裡面，每一題都有不完備的地方。然而最關鍵的一點，是每一道問項都可能問到上列所述的目標（收入），結果卻會大異其趣。目前的薪水或工資多少，顯然可以當作一個人所從事工作品質或地位的最佳指標。但是如果測量收入的目的，是要發掘受訪者可以觸及的資源，過去一年內的收入或許是個比較相關，也比較恰當的指標。甚至更恰當地來說，由於一般人會傾向跟其他家庭成員共享和共用收入，所有家庭成員透過各種來源所得到的收入，應該最容易讓人分辨得出來受訪者多有錢。

一個好的問項目標，總得要比光是「收入」要來得明確。更廣泛地來說，要界定一個好的問項目標，必須先要有個分析計畫，先弄清楚得到資訊之後要怎麼用才能符合整組全盤性的研究目的。測量收入其實就是測量社會地位、資源或就業品質的一道途徑。要選擇一道問項，就必須先對問項的目標先有清楚明確的認知。

研究者在設計問項和評估問項的嘗試過程當中，通常被迫將自己的研究目的規劃、思考得更為明確：到底要測量什麼、為什麼要測量？這種趨勢越來越明顯。評估調查問項的方法學者最常抱怨的一點，也的確在此：研究者對自己的目的並不清楚。在研究者決定他們的目的何在之前，不可能寫出理想的問項。

另外一個例子：

目標：罐裝飲料消費

可能問項 2.3：您昨天喝了多少罐裝飲料？

可能問項 2.3a：您在過去七天當中一共喝了多少罐裝飲料？

　　讀者應該注意上列這兩道問項也都同樣有所缺失。但是問題的關鍵，還是圍繞在「問項目標」和「特定的問項會達到什麼目的」這兩者之間的關係。值得注意的一點，是問項的目標到底是要描述罐裝飲料的消費、要從受訪樣本來估計消耗掉多少罐裝飲料，還是打算以罐裝飲料的消費型態，來突顯受訪者的特徵。

　　舉例來說，第一道問項可以問到比較精確的罐裝飲料消費量，但是涵蓋的時間很有限。由於一天當中的行為並不能好好的點出一個人的特徵，如此用罐裝飲料的高、中、低消耗量來區辨個人，在方法上可謂拙劣。

　　第二道問項對受訪者來講是比較困難的題目，也就可能導致更多作答上的誤差。但是跟第一道問項比起來，會更適合拿來勾勒出個人的特色。

　　為了要把目標設定得更精確，同時也為了要選擇問項，我們就需要了解所要調查的資訊，到底在計畫當中扮演什麼角色、我們要這項特定的資訊做什麼。如果這是為罐裝飲料製造商所作的調查，而且目的是要好好的估計集體的消費，那麼問項應該針對獲取整個消耗量的良好、精確估計來設計（就像問項 2.3 那樣）。換個角度，如果這是健康調查，而且目的是要確認罐裝飲料在一般人飲食當中所佔的份量，那麼區辨個人的消耗型態就會是目標所在（就如

同問項 2.3a 那樣）。

再舉一個例子：

目標：醫療照顧的使用

可能問項 2.4：在過去兩個禮拜裡，您一共去看過幾次醫生（或向醫生請教過幾次有關自己健康的問題）？

可能問項 2.4a：在上兩個禮拜，您一共接受過幾次醫療照顧？

可能問項 2.4b：在過去十二個月當中，您一共接受過幾次醫療照顧？

這個問項目標所滋生出來的「不確定性」，包含了好幾方面。其中有兩點可以從問項的變異性來說明。問題之一在於「醫療照顧」所指的是什麼？是只有指看醫生，還是包括其他種類的經驗也都應該算？一般人從那些不具醫生身分的醫護人員獲得醫療照顧，例如按摩脊椎師、護士、醫生的助手、或物理治療師。這種照顧應不應該算進去呢？另外一個可能引起混淆的地方：去找一些具有醫師資格者（例如精神醫師、眼科醫師、心理治療醫師）求助，可能一般不當作是醫療照顧，這種經驗應不應該算呢？

第二項問題又跟上一個例子所提到的一樣：目的到底是要計算次數、要估計應用了多少醫療服務、還是要區辨個人——這個人算是醫療照顧體系的高度使用者，還是低度使用者？蒐集僅僅幾個禮拜的資訊，也許是測知看醫生次數的最佳方式，可是就區辨個人使用了多少醫療服務而

言，卻是很差的問項。

　　對開始要設計調查問卷的任何人，最好的建議就是詳細舉出一項項問項目標，加上一份計畫，在計畫上交代蒐集來的資料要怎麼用。圖 2.1 可以作爲這樣一份文件的例證。雖然文件的翔實層次可以有變化，像圖 2.1 這樣創造出一份文件，至少可以發揮三項重要功能。首先，這份文件本身就是問項設計過程的大綱。它不僅清楚標明每個問項的目的，也有助於讓人分辨有那些問項在調查問卷上並不具有什麼目的。如果研究者無法把某個問項拿來跟研究目標或計畫中的角色配合，這個問項就不應該問。

　　其次，把擬議的問項放在研究目標的大綱裡來考量，就可以突顯特定研究目標的不足點。

　　最後一點，研究者事先敘述問項的目標，可以提醒自己一點：設計一些讓人有能力、也願意回答的問項，是有別於界定研究目標的一項差事。圖 2.1 並沒有詳細列出任何問項，而只是開始要標明一些調查問項的答案中，應該提供什麼樣的資訊。糟糕的調查問項有種種成因，其中一項主因，就在於研究者沒有把問項目標過渡到問項本身，而直接將問項目標當作問項的形式來問。這麼做莫非是寄望於受訪者來做研究者該做的工作，提供一些能夠符合研究目標的資訊。這種作法很少行得通。

　　我們現在就來看看，設計一些符合研究目標的問項，會碰到那些特定的難題。

圖 2.1　調查內涵和問項目標大綱實例

調查目的：研究醫療照顧使用情形的相關因素。我們認為醫療照顧有可能是下列各項因素的函數。

1.　負擔醫療照顧的財務資源
2.　對醫療照顧的要求
3.　使用醫療照顧的管道
4.　對醫療照顧價值的理解

這幾類因素當中，所要測量的目標又包括：

1.　跟醫療照顧相關的財務資源
　　過去一年中全年的全家收入（包括所有來源）
　　動產（儲蓄、銀行戶頭）
　　健康保險
2.　對醫療照顧的需求
　　可能需要醫療照顧的長期健康狀況
　　突發的急性疾病
　　受傷
　　年齡、性別（用來預測適用那些一般、定期性的體檢和各種檢驗）
3.　使用醫療照顧的管道
　　有沒有固定的醫療照顧者
　　主觀認知上的照顧者遠近距離
　　主觀認知上利用醫療照顧管道的難易程度
　　主觀認知上的財務障礙
4.　對醫療照顧價值的理解
　　不生病的時候（例常體檢和特殊檢查）
　　對慢性健康狀況（沒有生命危險時）的照顧
　　對於急性、可是會自然痊癒的身體狀況的照顧
5.　醫療照顧的使用
　　看醫生
　　其他醫療服務（不是正式醫師）
　　到急診室就診
　　住院

概念和用詞的界定

要人正確地報導出、或記錄下實際、客觀的資訊，有個基本要素，就是要確認所有的受訪者對於所要的報導、記錄的內涵，有相同的理解。這樣子研究者才能確定同樣的界定都通用於所有的受訪者。對設計調查問項的人來說，這是最困難的差事之一。這一點做不好，也是調查研究誤差的一個主要來源。

舉例來說，受訪者被問道過去一個禮拜裡有幾天吃過奶油。很多人會把「奶油」和「人造奶油」這兩個用詞交互使用，所以受訪者在回答這個問項的時候，對於該不該把「人造奶油」也算進去，就會有不一致的認知。當問項重寫過，明確地排除人工奶油後，說自己在過去一個禮拜裡吃過任何「奶油」的人數，跟原來未界定奶油這個詞的問法比起來，結果少了 20%（Fowler, 1992）。

有個近似的例子是要測量運動量。美國的成年人當中，最普遍的運動形式首推走路。但是當人們要報導或記錄他（她）們的運動量時，卻不確定該不該把走路也算進去。有關運動的調查問項所得到的答案，大大取決於問項的用詞是明顯的包括走路、排除走路、還是都不作界定。

有兩個基本途徑可以用來確保對用詞有一致的理解。

1. 研究者可以提供完整的界定，以解決全部或大多數在問法上有所混淆的地方。

改進調查問題：設計與評估

2. 可以要求受訪者提供所有必需的資訊，好讓研究者可以
   為受訪者恰當地把事情分類。換句話說，與其嘗試用複
   雜的界定跟所有受訪者來作溝通，不如在受訪者報導充
   分資訊的條件下，透過研究計畫中的過錄和分析階段，
   將複雜的計算標準拿來一致地妥當應用。

   當然，要寫普遍讓人容易理解的調查問項，最常見的
方法就是把所需要的定義納入問項本身。

   例 2.5：您在過去一個禮拜裡，有幾天吃過奶油？

   問題：這個問項裡蘊涵著兩點容易出問題的地方。首
先，就像上面已經提過，「奶油」這個用詞包不包括人造
奶油，讓人心生疑惑。其次，有時候又發現「過去一個禮
拜」也不清楚。它可能指從訪問那天往前推算的那七天，
也可能指剛過去那個禮拜一到禮拜天（或禮拜天到禮拜六）
的那段期間。

   可能解決方案 2.5a：過去七天裡面，如果不算人造奶
油的話，您一共有幾天吃過奶油？

   評語：這道問項調整過遣詞用字，減輕了「是要包括
還是排除人造奶油」和「該涵蓋那個期間」這兩項容易引
起混淆的地方。

例 2.6：您在過去一年裡面，一共住過幾次院？

評語：「住院」有可能是個複雜的用詞，未必每個人都理解。有時候病人到醫院門診看病，也有人到醫院當天動手術，觀察穩定後就離開，而不在醫院過夜。像這些醫療服務算不算「住院」呢？另外跟上面那個例子一樣，所問的期限到底是指那一段，也可能是不清楚的一點。所謂「過去一年」到底是指什麼呢？

可能解決方案 2.6a：在過去十二個月裡面，指從（某年某月某日）一直到現在，您一共有幾次以病人的身分住進醫院（指在醫院至少過一夜）？

評語：這個新問項澄清了幾點容易讓人混淆的問題，包括每次住進醫院就算作一次新的住院事件、住院的要件是當事人具有病人身分、住院者必須是在醫院至少過一夜（這一點就排除了其他類似卻混淆的經驗，例如當天在醫院動手術，卻不過夜的情形）。問項裡對所指涉的期間也作了澄清。
有時候界定的問題過於複雜，無法單單藉著改幾個字或用括號加上一段話，就可以解決。

例 2.7：您的收入有多少？

問題：就像前面討論過，要怎麼計算收入蘊涵著無數

課題。舉例來說，收入是指現在的收入，還是指過去某個期間的收入？是只算從薪水或工資而來的收入，還是也包括其他來源的收入？是只算受訪者自己的收入，還是同時包括其他人所得到，而受訪者可能共享的那些收入？

例 2.7a：接下來我們需要估計一下您自己和在 1993 年間跟您同住家人的收入一共有多少。我們希望在計算這些收入的時候，不但要算您自己和同住家人在工作上的收入，也要把您和同住家人從任何其他來源所得來的收入通通算進去，例如房租、各種補貼或補助金、社會安全救濟款、退休金、甚至從股票、債券或儲蓄得來的利息。所以，這樣子把所有來源的收入都算進來的話，以您自己和跟您住在一起的家人來算，您在 1993 年的全家總收入有多少？

評語：這是個很複雜的界定。這樣做有必要，因為研究者所要測量的，是個很複雜的概念。即使這個複雜的界定，也避開（或沒有談到）一些重要的問題。舉例來說，要是在訪問的時候，受訪者的家戶成員組成跟題目中所詢問的那個期間不一樣，受訪者應該怎麼作答？問項裡也沒有明確限定是不是該報導預先扣稅後或扣稅前的總收入。

例 2.8：您在過去一年當中，一共看過多少次醫生（或者醫生的助手），或者跟他（她）們討論您的健康狀況？

問題：這個問項是取自「全國健康調查訪問」，在許多健康調查裡經常給拿來用。就像先前提到過的，由於有關醫療照顧的問項所涉及的界定錯綜複雜，通常會涉及無數跟「應該要報導些什麼」相關的問題。

　　當計算事件的規則相當複雜的時候，解決之道並不在於提供一項周延、複雜的界定。跟都不提供界定比起來，這樣子做可能會導致極端：受訪者變得更加不知所措，訪問結果更加不理想。大概得想想別的辦法。

　　有個辦法是增加些額外的問項，來涵蓋通常給省略掉的那些事件。以上述看醫生的一般問項為例。受訪者通常會省略掉透過電話接受醫生的指示、看護士或醫生的助手、所看的是通常不給人當作「醫生」看的醫生這些經驗。有個辦法是問個像上述例 2.5 那樣一般性的問項，然後再緊接著追問一些像下列這類問項：

　　問項　2.8a：除了您剛剛提到這些看醫生的經驗之外，過去這十二個月裡面您一共打過幾次電話問醫生有關醫療的問題？
　　問項　2.8b：除了您已經提到的這些經驗以外，過去十二個月以來您一共有幾次從心理治療醫師那裡得到醫療服務？

　　同樣的辦法也可以用在收入上面：

　　例　2.9：您剛剛提到全家收入的時候，有沒有包括從股

票、債券、儲蓄存款這些來源所得到的利息?

例 2.9a：您告訴我的那個收入，有沒有包括租金所得?

例 2.9b：現在再來算算看，如果您把本來沒有算的這些其他收入通通加進去的話，您估計在 1993 年裡面全家的收入大概有多少?

　　用多重問項來涵蓋所要報導的所有面向，通常能夠讓受訪者簡化翔實報導這份差事，比想要把每個細節都塞進單一個界定要來得有效。這是最簡單的一種方法，可以讓人確認那些通常給忽略掉的種種事件，都包含進最後得到的總數。雖然這麼說，這個方法還是可以更向前推一步，設法讓問項設計的策略更為理想。

　　在有些個案來看，如果界定非常複雜，就沒有必要去嘗試要用一個共同的界定跟所有的受訪者溝通。基於上述例子，可以看出來研究者要怎麼樣去界定家庭總收入，不一定要嘗試去跟受訪者溝通解釋，而可以用一系列的問項，來問受訪者以及家庭成員在某個特定時期內有那些收入，然後再整個加起來。這樣子研究者就可以把受訪者所報導的各個項目整個湊在一起，密切配合特定的收入定義，好在執行特定的分析時可以直接用得上。

　　這個辦法有三點相當有力的優點。第一，問項可以變得更清楚；也就沒有必要用一個錯綜複雜的定義來跟所有的人作一成不變的溝通。第二，報導和作答的差事也變得更簡單，也更合理；受訪者不必一定要從種種來源去計算他們的收入。第三，這個辦法可以讓研究者製造出好幾項

測量收入的不同指標。拿這些指標來配合各種有用的分析目的。舉例來說,受訪者的薪資所得可以當作測量就業品質的良好指標,但是如果要了解可利用的資源,家庭總收入會是個比較好的指標。多重問項問起來當然更花時間,可是時間長一點也有好處。多問幾個問項,讓受訪者多花點時間,會增進受訪者回憶的功效。

如果所需要的只是個社經地位的粗略估計,單獨一個一般性的問項即使有些缺陷,應該就可以接受了。然而,使用多重問項這種辦法,通常是嘗試要把複雜的定義傳達給受訪者的良好替代方案。

例 2.10:您參加什麼健康保險,是受雇者模式的健康維護組織,像 IPA、PPO 之類,還是不限制每次付費的健康保險?

評語:看起來這個例子是個荒謬的問項;要假設說多數人能夠如此區辨不同的健康保險類別,並不合理。基於美國現存的健康保險模式複雜,上面列舉那些嘗試用一般定義來傳達的方法,似乎不大可能成功。但是有些讓人可以回答的問項,就可能教研究者有辦法加以採納,用來將多數人所屬的種種健康保險加以分類。

問項 2.10a:根據您的健康保險計畫,當您需要醫療照顧的時候,可以主動去看您想看的醫生,還是只能夠去找特定的醫生、或者去固定的地方?

問項 2.10b：（如果您看的醫生是在特定的名單裡，或者屬於特定的一群醫生的話）您所看的醫生只看您的健康保險計畫裡的成員，還是同時也看其他類別的病人？

問項 2.10c：當您在您的保險計畫下接受醫療服務的時候（不論是什麼樣的醫療服務），您一向是付同樣的金額，還是按照所接受的服務而付不同的金額？

評語：這些問項的答案也許不能讓研究者隨心所欲的區別各種狀況。此外，可能也會有人答不出來其中某些問項。不過話說回來，跟前述問項要人分辨 IPA's 和 HMO's 的定義比起來，後列這些問項更能夠讓受訪者正確地作答。問人一系列他們回答得來的問項，然後用比較複雜的定義策略，來嘗試把病人和他們的經驗作分類，這種一般性的原則是用來解決許多定義問題的好辦法。

例 2.11：您在過去十二個月裡面是竊盜案的受害人嗎？

例 2.12：您在過去十二個月裡面是搶劫案的受害人嗎？

這些例子又是那種涉及複雜、技術性定義的問項。「竊盜」是一種有意破壞、闖入去犯重罪的犯罪形式。搶劫是用蠻力或威脅要用蠻力從某人取走某物的犯罪形式。如果有人闖入某戶人家，而住的人正在裡面而且給闖入者撞見，原來會是竊盜犯的入侵者就變成了搶劫犯。想要拿這些定義去跟受訪者溝通，讓他（她）們能夠辨別自己到底是竊

盜或搶劫的受害者，恐怕沒有什麼意義。比較有意義的作法，是教當事人描述親身經歷事件的相關詳情，然後再把這些事件過錄成恰當、詳細的犯罪類屬。

有時候可以問一連串短而確切的問項來達到這個目的。舉例來說，如果是這種分類隨著「入侵者有沒有給主人撞見」而異，針對這項特定問題來問就很重要。在其他例子裡可以容許受訪者用敘述方法來回憶、敘述他們的經驗。然後這些經驗就可以依據特定的界定和決策規則來過錄成不同類屬。

恰當的問項設計，就是要確認在作人群分類或計算事件的時候，研究者和所有受訪者都用同樣的界定。一般說來，研究者解決問題的辦法，是傾向於告訴受訪者研究者所要用的是什麼界定，然後要求受訪者去做分類的工作。雖然這種作法有時候可能是解決問題的最好辦法，良好的問項設計通常還是要讓這種差事做起來盡可能地簡單。需要從受訪者身上知道那些資訊，才能作分類的工作呢？這個額外的步驟教調查的人得多花點功夫去思考。但是如果調查者判定得出來有什麼簡單易答的問項能夠提供分類基礎的話，通常就會有比較高明的測量。

知道和記得

一旦問項設計出來，讓所有受訪者了解所要問的是什

麼，下個議題就是受訪者有沒有作答所需的資訊。這可能牽涉到三項問題來源：

1. 受訪者或許不具備作答所需的資訊。
2. 受訪者也許知道這項資訊，但是回想不起來。
3. 問項要求報導在一段特定時期內發生的事件。受訪者可能想起這類事件發生過，卻沒辦法正確的按照問項所要問的時間架構來回答這些事件。

受訪者知道答案嗎

問人一些他（她）們不知道答案的問題，通常問題出在選錯了受訪者，而不是問項設計本身。許多調查訪問家戶裡一位特定成員，要這位成員報導有關其他家戶成員、或者有關整個家戶的資訊。選擇這種訪問策略，會碰到一個關鍵議題：其他家戶成員知不知道所要問的資訊，接受訪問要來報導的這位成員又知不知道這些資訊？

文獻上有很大篇幅在比較自我報導和代理報導（Cannell, Marquis & Laurent, 1977; Clarridge & Massagli, 1989; Moore, 1988; Rodgers & Herzog, 1989）。有些情況反映出人們為其他人代為報導時候，似乎可以做得像自我報導那麼好。但是除非問項是有關相當公共的事件或特徵，他人無法知道答案。不管就什麼課題來看，自我報導者通常要比代理作答者來得稱職。

另外還有個跟知識課題相關的面向會更直接地影響問項設計。受訪者有時候是具備跟問項相關的經驗或資訊，但是所知道的並不符合研究者所要求的形式。醫療診斷是個佳例。根據文獻顯示，病人自訴的症狀，和病歷上所記載下來的症狀兩者之間，是有不一致的地方（Cannell, Fisher & Bakker, 1965; Jabine, 1987; Madow, 1967）。這種落差至少有一部分是因為沒有人告訴病人怎麼樣為自己的症狀命名。例如病人認為自己有高血壓，可是卻說沒有「血管張力過高症」，因為這不是給病人用的名詞。病人知道他（她）某個部位有異常增長現象，卻不知道「腫瘤」這個專有名詞。更不難想像有的醫生會懶得告訴病人：某類「心臟問題」的名稱應該叫做「缺血性心臟病」。再回到前面討論過的一個例子，目前的健康保險計畫錯綜複雜。醫療健康的研究者希望確認每個人加入的是那一類保險，因為不同的保險很可能反映出要保人所接受的醫療照顧種類。受訪者可能不知道他（她）們所加入保險計畫的專有用詞，可是他（她）們知道自己加入保險後實際的運作情形，而這項資訊就可以用來恰當地將這些保險分類。

　　如前述，問卷調查常向受訪者問些他（她）們不知道的訊息。既然保險給付了醫療帳單中的一部分，許多受訪者就不會知道自己所接受醫療服務的總成本。許多人不知道他（她）們去看的醫生在醫學上的專長是什麼。還有許多人不知道自己的健康保險要花多少錢，尤其是當保險費的一大半是由雇主支付時，更不會知道。

　　設計一項調查工具之前的初步工作當中，有個關鍵步

驟：弄清楚這個調查有沒有包括一些受訪者不知道答案的問項。調查的內容限於人們所能夠、又願意報導的範圍。如果研究者想找出受訪者普遍不知道答案的一些東西，就必須用其他的方法去得到那種資訊。

激起回憶

研究「記憶」的學者告訴我們，一旦直接經歷的事件，很少會忘得一乾二淨。但是資訊和經驗可以事後追溯到什麼程度，就要依據一些穩定的原則而定。

有些記憶回想起來痛苦，也容易讓人受到壓抑而不去回想。但是這並不是多數調查中所要測量內容的關鍵所在。比較關鍵、跟回憶問題大概最為相關的，包括三項原則（Cannell, Marquis & Laurent, 1977; Eisenhower, Mathiowetz & Morganstein, 1991）：

1. 事件發生時間越近，越有可能回憶得起來。
2. 事件的效應越大，或者對現在的影響越明顯，也越可能回憶得起來。
3. 事件發生的模式跟受訪者考量事情的方式越一致，越有可能回憶。

要怎麼樣在調查中獲取正確的報導呢？關鍵之一很顯然在於所選擇要問的是什麼。如果研究者要的資訊，是跟那些不造成什麼漣漪、微不足道的事件有關，我們大概就

不能盼望受訪者所報導的時期能夠涵蓋太久。舉例來說，當研究者要求的是對飲食攝取或罐裝飲料消耗作報導時，研究發現即使以過去二十四小時作為回憶期間，還是會造成因為回憶不良而引起的退化和報導誤差。如果我們要求受訪者報導過去一個禮拜或兩個禮拜內的行為，他（她）們會傾向用平均值或典型的行為來作為估計，而不會試著去回想（Blair & Burton, 1987）。如果所要的是關於消耗量的正確資訊，所能夠獲取大致正確答案的方式，大概只有用很短的時期作為標竿（例如一天裡），或者甚至用日記方式把實際情形記載下來（A. F. Smith, 1991）。

在正確報導和報導所涉及的期間長度兩者之間作取捨，是調查設計上常遇到的問題。全國犯罪調查（由司法部的普查局主持）和全國健康訪問調查兩者，本來都問一年內的犯罪（受害經驗）和住院經歷。但是在超過受訪前 6 個月所發生的事件上，報導的精確程度明顯下降。這兩項調查現在都只用受訪前 6 個月內的事件，作為這些事件數量的估算基礎。全國健康訪問調查正是因為考慮到報導期間太久可能影響到作答正確性，而只用訪問前兩個禮拜的期間作依據，在研究報告中列出受訪者看醫生的次數以及無法工作的天數（Cannell, Marquis & Laurent, 1977; Lehnen & Skogan, 1981）。

對多數訪問而言，一項區辨特徵是「快速問答」的經驗。受訪者的動機有多強，因人而異。可是大致來說，調查並不是受訪者生活中的重要事件。因此，如果不經過特別的激勵，受訪者就不可能投資太大精力，來嘗試重建或

回憶調查要求他（她）們報導的那些事件（Cannell, Marquis & Laurent, 1977）。為了這些理由，研究者嘗試用了種種策略，來改善受訪者回憶的品質表現。

刺激回憶和報導最簡單的方法之一，就是問項問得長一點，而不是短一點。這並不是說要把問項變得更複雜或者更迂迴。話雖然這麼說，加上一些引導性的簡介材料，讓受訪者對問項有所準備，已經經過證實，確實是有助於改善報導（Cannell & Marquis, 1972）。原因之一，可能就在於長一點的問項給了受訪者時間去搜尋記憶。

還有兩個策略用來直接改善回憶。首先，問多重問項可以提升追溯及報導某個事件的機率（Cannell, Marquis & Laurent, 1977; Sudman & Bradburn, 1982）。其次，激起一些跟受訪者所要報導事件有關聯的事情，設法讓記憶所可能鑲嵌的認知與知性網絡得以生動地呈現，也都有可能改善回憶（Eisenhower et al., 1991）。這兩個策略彼此相關。

有三個不同理由促使「問多重的問項」能夠有效地增進回憶。第一，貼著同一個問題重覆地問，可以引導受訪者「再試試看」。受訪者往自己的記憶庫每深入挖掘一次，獲得答案的機會就會更提高一點。此外，問多重問項的效應之一，在於加強受訪者的動機，而讓受訪者更努力去嘗試回憶。

第二，問額外問項的一個特定方法，是集中在特別可能遺忘的那一類事件。例如跟其他的「住院經驗」比起來，在醫院住一天診療的例子特別容易在訪問的時候受到忽略（Cannell & Fowler, 1965）。對受訪者特地問到有沒有這種

在醫院住一天診療的經驗（例如跟誤以為臨盆有關聯的經驗），可能會觸發一種不大一樣的尋覓途徑，而引導人想起一些原來記不得的事件。

第三，額外問項可以集中在所要報導事件的一些可能結果，而提到這些結果，也可能觸發起回憶。舉例來說，如果受訪者在某類犯罪型態下受過害，很可能當初會報警，或向保險公司理賠。問這些報警或保險理賠的經驗，可能會激起對受害經驗的回憶。

同樣的，要回想受過那些醫療服務，也可以藉著問一些醫療服務的問項，來加以激發回憶，例如買藥、保險理賠、因病無法工作，或必須安排請人臨時照顧小孩等。

人能夠回憶到什麼地步，是有限制的。如果問項所要問的，是多數人無法輕鬆回想的一些資訊，資料本身幾乎必然會有些缺陷。但是回憶這件差事即使對多數人來說相對地簡單，問多重問項和發展一些問項來激發聯想以幫助回憶，這兩項策略都能有效改善資料品質，畢竟獲取正確的答案相當重要。

以上所討論的策略，主要是集中在如何處理那些應該報導出來、卻回想不起來的事件。另外同樣重要的一件事，則是「過度報導」這個問題。舉例來說，假設我們問人上次選舉有沒有去投票。這個問項最常見的作答誤差就是過度報導：事實上沒有去投票，卻說有（Sudman & Bradburn, 1982）。部分原因（這一點會在本章稍後詳細討論）在於有些人把投票看成是社會期許的行為，所以在作答的時候會有動機去回憶、報導投票行為。此外，話又說回來，要

人去回想「沒有」做某些事，又是一項特別難以克服的挑戰。

　　心理學家提出理論，說改善報導正確性的方法之一，就是要求受訪者在心裡面重構過去的經驗。以投票為例，向受訪者提醒當時的候選人是誰、選票上還有什麼其他的議題要決定，都是重要步驟。可以在前置問項中先問受訪者到那裡去投票、需不需要放下工作去投票、用什麼交通工具去投票地點這些問項。像這樣子照著跟當時事件可能相關的一系列步驟來引導受訪者，激起關鍵記憶的機率就會增加，而受訪者也就更加能夠正確地重製經驗。

事件的時間定位

　　上面討論的許多議題，都可以反映出「回憶事件」和「把事件在時間上定位」兩者之間的相互關聯。如果調查是用來估算某個特定樣本一年當中的住院次數，拿來問人的問項實質上有兩個部分：您最近有沒有到醫院去過、在過去這整整十二個月裡，您又到醫院去過多少次？

　　有關回憶和報導的研究顯示，跟這類主題相關的調查資料問題，有很多都是因為很難在研究者所指定的時間架構內將這些事件適當地予以定位。發生在受訪前十到十二個月間的住院經驗，報導得特別不正確。這種落差除了因為不容易記得當初到底有沒有住院之外，還有個原因，就是受訪者很難記清楚某次住院是確實發生在「十二個月前」那條武斷的時間切線之前還是之後。

參考期間是一個禮拜、一個月、還是一年，並沒有太大關係。但是如果調查估計主要是依靠在時間期限內來將事件定位，就一定會有問題。

　　研究者嘗試用下列兩種方法，來改善受訪者「將事件發生時間予以定位」這個問題。

1. 研究者激起受訪者這方的回憶活動，來幫助他們將事件在時間上定位；
2. 研究者設計一套資料蒐集程序，以產生報導期間的界限。

　　為了要改善受訪者在時間點上將事件定位的能力，最簡單的步驟就是拿一個標示出參照期或年月表給受訪者看。此外，也可以要受訪者回想一下，在那段要報導的期間界限裡，他（她）們的日子過得怎麼樣，生活中有沒有發生什麼事。把任何生命事件（例如生日）填進那段期間，有助於讓年月表上的日期顯得更有意義。如果受訪者應該要報導過去一年的事件，就可以問他（她）們想一想一年前在做什麼：住在那裡、家裡有什麼特別的事、工作上的情形如何。如果他（她）們可以想起一些事件，是跟接受訪問的整整（或大約）一年前有所關聯，或者是可以拿來建構一個界定清楚的時間點，這些受訪者可能就更容易決定犯罪或住院經驗是發生在那個時間點之前或之後（例如 Sudman, Finn & Lannon, 1984）。

　　一個相關策略是要人下點聯想的功夫，讓自己能夠對

發生某類事件的日期或時間有更好的概念。因此，如果要問受訪者發生在自己身上的犯罪經驗，就可以問問他（她）們當時的天氣怎麼樣、穿什麼衣服、生活中還有什麼其他的事發生。這些都可能讓受訪者更有辦法算出某個事件發生的大致日期。

這些策略在訪問的場合裡都有些耗時。運用策略時通常需要訪員這一方花上個人特別的努力，而這種努力又不容易標準化。結果呢，只有相對少數幾個調查真正會用上這些技巧。此外，雖然這種技巧裡面，有些好像可以稍微改善報導，卻似乎沒有任何技巧可以談得上有重要突破。

要改善對期限內事件作報導，另外有個很不一樣的方法：進行兩次或兩次以上訪問，為受訪者實際創造出時間界限（Neter & Waksberg, 1964）。在初次訪問中，先告訴受訪者下一次訪問時，會問他（她）們在下次訪問前的那段期間發生了那些事件，當時的情境又是怎麼樣。然後在下一次訪問時，就問同樣的受訪者，在初步訪問和第二次訪問之間，發生了那些事情。

這樣子設計，有三點特徵對訪問有所幫助。第一，這種設計的確製造出清楚的時間界限。雖然對受訪者來說，初次訪問並不算是生活中或生命中的什麼大事，卻有些認知上的意義。第二，在第一次訪問時，受訪者通常要報導最近的事件，而這些事件會進一步拿來分類計算。然後研究者就可以根據第一次訪問時的回答，來檢驗第二次訪問時所報導的事件。如果有雙重報導情形出現，也就是把第一次訪問前發生的事件，延續到第二次報導的期間內，就

可以清楚地認定其間重疊的地方。第三，受訪者對接受訪問有所警覺，知道要報導特定的某類事件。這項事實，教他（她）們注意力更集中，也因而成為更好的報導人。

這種訪問的設計實施起來顯然要比單次調查要貴得多。但是考慮到對時間事件作正確報導的重要性，這種設計是提供了具體策略來改善資料品質。

最後，應該提一下給受訪者日誌去記下記錄。要叫人記日誌，有些特別的難題要克服。但是要取得短期內的詳細資訊，例如食物消耗或小額開支，日誌是應該考慮的一項選擇（Sudman & Bradburn, 1982; Sudman & Ferber, 1971）。

答案的形式

多數問項都會特別要求答案應該以什麼形式呈現。答案的形式必須適合受訪者所給予的答案。

例 2.13：在過去三十天裡，您可以輕易地爬一段階梯、爬得有點困難，還是完全爬不動？

評語：這個問項設定了一項假設：受訪者的狀況在三十天裡都穩定而沒有變化。在一項以愛滋病人為對象的研究裡，我們發現這種形式的問項跟受訪者的答案配合不

上 ，因爲他（她）們的症狀（以及爬階梯的能力）日復一日都有很大變化。

例 2.14：在您沾上任何酒的那些日子當中，您通常會喝幾杯酒？

評語：問到「通常」行爲的問項很普遍，但是這些問項都預先假設說受訪者的行爲有規則可循。這個問項能夠涵蓋得下一些變異，但是對最主要的變異而言，問項卻不很恰當。舉例來說，如果有一位受訪者在週末喝酒喝得比平常週日多得多，就一點也不清楚應該怎麼回答這個問項。用上「通常」這個詞的問項，需要仔細斟酌，確定答案可以跟要描述的事實密切配合。

例 2.15：您跟最近的醫院距離多少英哩？

評語：受訪者或許知道最近那家醫院的確實位置，但是對英哩數卻沒有清楚的概念，其間的區別不難想像。此外，雖然在鄉下或郊外地區，英哩數可以是測量距離的好指標，對都市裡的居民來說，要花上多少時間來透過可能的交通工具抵達目的地，也許是更爲恰當的準繩，而這項準繩也提供受訪者得以最爲正確地作答。

問人一些他（她）們知道答案的問項，是很重要的。但是下一個必要步驟卻容易遭到忽視——給受訪者一個他（她）們能夠辦得到的作答差事，而且這個差事能夠配合

得上問項的真正答案。

減低答題的社會可欲性效應

有關「回應正確性」的研究隱約指出，受訪者傾向於特別扭曲作答，好讓自己顯得更好，或者避免讓自己看起來差勁。Locander、Sudman 和 Bradburn（1976）三名學者發現，酒醉駕車和破產經驗的定罪，在調查的報導情形都很不理想。這些都是顯著的事件，不太可能讓人遺忘，這一點很清楚。報導情況不理想，能作的解釋一定是人都不願意報導關於自己的這種事件。儘管這麼說，社會可欲性的效應要比這種極端例子來得廣泛得多。

例如 Cannell、Fisher 和 Bakker（1965）在為住院原因作過錄編碼的時候，所依據的是住院前的狀況「令人難為情」或「威脅到生命」的可能性。他們發現最會嚴重危及生命的相關住院經驗，在健康調查裡很顯然地比較不可能有人報導。健康情形的「查對記錄」研究將調查報導拿來跟醫療病歷作比較，研究結果顯示那些可能讓人認為難為情或情況危急的健康情形，在調查訪問裡都比較沒有人會報導（Cannell, Marquis & Laurent, 1977; Cannell & Fowler, 1965; Madow, 1967）。扭曲也可以造成過度報導。Anderson、Silver 和 Abramson（1988）發現選舉投票有可觀的過度報導現象。

改進調查問題：設計與評估

雖然社會可欲性已經是用來描述這些現象的一項通稱名詞，大概有幾項不同力量在運作，足以造成上述那種回答效應。第一，受訪者要讓自己看起來正派，而避免顯得差勁，這種傾向毋庸置疑。此外，有時候調查會問一些問項，讓相關的作答可能真的會對受訪者造成威脅。當調查問到非法用藥、過度飲酒、有過多少性伴侶時，這些問項的答案（如果問得出來的話），可能會讓受訪者置於瀕臨離婚的處境、失掉工作、或者甚至犯罪訴訟這些危險的處境。當調查問項的作答對受訪者招來如此險境的時候，就不難理解為什麼有些受訪者寧可扭曲作答，也不願意冒險來給個正確答覆。即使這種答覆遭到不恰當揭露的機會很小，我們也容易理解受訪者為什麼不願意冒險。

　　第三，在回應時會有所扭曲，是因為表面上看起來正確的答案，並不是受訪者所要用來描述自己的方式。這點跟上述相關，卻有些微差異。受訪者扭曲「沒有喝酒過量」或「投票行為」的答案，可能是由於要經營別人對他（她）們的印象，同樣也是為了要經營自己對自我的意象。

　　這個問題所在，不是「敏感的問項」，而是「敏感的答案」。對這點差異有所了解，是根本的一步。如果「是」的答案可能給社會評判作可欲的行為，這類問項就會傾向於給歸類為「敏感」。但是對那些回答「否」的受訪者來說，有關任何特定行為的問項就不是敏感問項。Sudman 和 Bradburn（1982）要受訪者根據敏感程度來列比各種問項，結果給評為最敏感的問項是問受訪者手淫的頻率多少。這個問項得到最高列比，可能是下列兩項事實綜合起來所造

成：人們覺得這個問項的正面答案不符合他（她）們所要傳達的意象，可是手淫又是很普遍的行為。有關使用毒品和酒醉駕車的問項，對不用毒品或酒後不開車的人來說，並不敏感。

另外有項重要的事該記得：人們對他（她）們認為什麼是敏感的事，彼此有不同看法。例如問人有沒有圖書館的借書證，顯然是個相當敏感的問項。有人把：「沒有」這個答案看成是暴露出自己負的一面（Parry & Crossley, 1950）。圖書館借書證的擁有率給過度報導得多。再回頭想想上述醫院的例子。雖然在一般狀況下，上醫院並不是特別敏感的問項，對那些為了難以啟齒或自己認為不好公開的狀況而住院的人來說，卻可能是個敏感的課題。

從各方面多想想那些扭曲答案的原因，會歸納出一樣心得：整個訪問經驗應該經過特地安排，以盡量減低那些造成受訪者扭曲答案的外力。其中有些步驟會影響到資料蒐集的程序，而不只是問項設計本身。本章接下來的部分就要列舉出有助於減輕這些外力的一些資料蒐集策略。談這些策略，可能有點離題。但是將資料蒐集程序和問項設計整合起來，對蒐集有關敏感課題的良好資料具有關鍵地位。這一節接下來的篇幅會集中在一些可以減輕扭曲現象的問項設計策略。

資料蒐集程序

研究者可以採取三類一般性的步驟來減輕答題上的扭

曲：

1. 確定回應的機密性，並且要有效地溝通，讓受訪者認清有保護的措施。
2. 盡可能溝通清楚，表明答題的正確與否是最重要的因素。
3. 減輕訪員在資料蒐集過程中所扮演的角色。

    機密性：調查研究者要例常性地向受訪者保證他（她）們作答會是受到保密。「保密」的過程包括無數像下列這樣的步驟：

1. 盡量不用名字或其他容易辨認得出受訪者身分的訊息。
2. 將辨認身分的訊息和調查答案分隔開來。
3. 把調查的問卷鎖在檔案櫃裡。
4. 不讓非工作人員接近完成的調查答案。
5. 注意調查工具（例如問卷）經過妥當地處置。

    此外，如果調查研究者所蒐集的資料很明顯地會讓受訪者冒險，例如問到違犯法律的行為，調查者可以尋求法律保護措施，以免自己遭到傳審。這些議題在 Fowler（1993）所著的書裡多花了不少篇幅在討論，而在 Sieber（1992）的書裡討論得又更加詳細。

    最能威脅機密的來源，是把個人和答案連結在一起的能力。要避免這個可能，最好的辦法之一就是絕對不要有

「那個人跟那個回覆連結得起來」這種資訊。這個辦法，可以藉助郵寄或自行填答程序，在回收的問卷上不記載任何可以辨認填卷人是誰的資訊。如果問卷上有這種資訊，研究者可以盡早去除受訪者和他（她）們的作答之間的關聯，將洩密的危險減到最低。

雖然有這些策略可循，還是只有在受訪者了解，並且相信他（她）受到保護時，這些步驟才能教調查回覆的扭曲現象得以減輕。如果受訪者受到的保護有限，按照研究倫理的要求，也要跟受訪者就這些限度先作溝通。如果研究者認為他（她）們所能承諾的保密限度可能影響到作答，就應該改變程序，創造出更有助於塑造正確答題的訪問情境。

強調正確性的重要：有時候某個調查訪問的目標並不清楚。特別是涉及訪員的時候，有些跟人際互動有關的規則會對「獲得正確報導」這個目標有所妨礙。當我們要跟人互動的時候，我們循例會希望以光彩的一面來呈現自我；我們希望強化好的一面；我們希望取悅別人；我們想要盡量不去提到讓人緊張的課題。像這些動力，都可能逐漸有損於調查答案的正確性。只要受訪者依循這些準則行事，而不是嘗試去盡量正確地作答，他（她）們就可能提供扭曲的答案。

受訪者可以採取好幾個步驟來減輕扭曲訪問的動力。其中最簡單的步驟之一，就是教訪員明白地向受訪者解釋，提供正確答案是他（她）們所能做的最重要事情（Cannell, Groves, Magilavy, Mathiowetz & Miller, 1987; Cannell,

Oksenberg & Converse, 1977）。

　　常規的訪員訓練會力勸訪員，盡量減弱他們跟受訪者關係當中的個人因素。訪員不應該去談自己的私事。訪員也不應該表達個人意見。他（她）們應該說沒有所謂對或錯的答案。他（她）們應該在可行範圍內，盡量建立一種專業的關係（見 Fowler & Mangione, 1990）。

　　此外，Cannell 也證明訪員的行為可以有系統地予以操縱，以可能同樣涉及回覆扭曲的方式來改善報導。下列三項特定的策略經過 Cannell 和他的同事評估過（Cannell, Oksenberg & Converse, 1977; Cannell et al., 1987）：

1. 訪員念一段特定的說明，向受訪者強調，「提供正確的答案」是整個訪問的最終極目標，是訪問最首要的考量。
2. 要求受訪者在口頭上或書面上作承諾，要在訪問期間提供正確的答案。
3. 訪員受到訓練，去強化經過慎思熟慮的答案，而不去強化那些跟提供完整正確答案不一致的行為。

　　這些行為當中，有些是設計來鼓勵尋求完整而正確的回憶。它們也扮演「確認正確性高於其他目標」的功能。例如，Cannell、Miller 和 Oksenberg（1981）發現這些程序似乎讓受到良好教育的人，所報導在過去一年中看過的書籍數量，得以降低。他們把這項發現，解釋作在作答中的社會可欲性得以減輕。

　　減輕訪員的角色：訪員如何影響到對可能敏感的資訊

作報導，一向有些爭論。一方面訪員可以幫助受訪者找到動機，向他（她）們再確保受到保護，跟受訪者建立良好關係，因而讓受訪者更可能正確地回答問題。另一方面呢，藉由作答內容，來將自己向其他人呈現，這項事實本身會更強有力地把答案推向正面。有關這個課題的資料，並不全然支持這兩個論點其中任何一點；可能兩者都帶有些真理。但是有可觀的證據顯示，要人用自填形式來回答問項（而不是告訴訪員答案），可以減輕受訪者朝社會可欲方向來扭曲作答的程度（Aquilino & Losciuto, 1990; Fowler, 1993; Mangione, Hingson & Barret, 1982）。

除了在訪問程序上不涉及訪員之外，例如用郵寄調查或團體作答的方式（也就是受訪者自行填答問卷，自己把問卷投入蒐集問卷的箱子裡），至少還有三種方法可以在調查的時候還是透過訪員來訪問，可是在策略上略作調整，減輕訪員對資料蒐集過程的效應。

第一，有個相當成熟的策略，是把一系列問項用自答的形式呈現。訪員可以把上面有問項的小冊子交給受訪者，受訪者可以在訪員看不到作答內容的情況下填好問項，然後把答案放到一個信封裡，封好。最近有個使用毒品的研究發現，跟回答訪員問問項比起來，如果受訪者使用自填問卷來作答，則回答目前或近來使用毒品的比例明顯高得多（Turner, Lessler & Gfroerer, 1992）。

第二，這個方法有個現代版，藉由「電腦輔助個人訪問」（CAPI）來運作。透過這種資料蒐集程序，問項出現在電腦螢幕上，再由一些資料輸入過程來作答。如果有一

系列問項是受訪者希望保密的，訪員可以把（筆記型）電腦交給受訪者，讓受訪者在螢幕上讀問卷，然後直接作答，不必經過訪員參與。有些研究的訪問對象是那些會到固定地點的人，例如到醫生診所、學校、工作地點的人；碰到這種情形，可以把電腦連起來，用類似的方法從受訪者蒐集資料。

第三，國家健康訪問調查在一項青少年妨礙健康行為的研究中，引介一項創新的技術。為了確保答案的機密性，同時保護青少年免於受到訪員參與的影響，敏感的問項都放在一個只有透過耳機才能聽到內容的錄音機（例如隨身聽）。受訪者聽那些從錄音帶念出來的問項，然後在作答卷上記錄他們的答案。沒有旁觀者、訪員，也沒有父母知道所回答的問項是什麼。

資料蒐集的所有面向，應該設計成減輕那些加諸人身上、足以扭曲作答的力量，尤其是當一項調查所涵蓋的材料特別可能敏感的時候，更應該這樣設計。話雖然這麼說，這些並不能取代良好的問項設計。下一節討論如何設計調查問項來減輕回覆扭曲。

問項設計的選擇

設計問項來減輕回覆扭曲的策略，共有下列四種：

1. 可以採取一些步驟，讓受訪者更了解：為了達成研究目標，用特定問項來問問題，是恰當而且必備的一步。

2. 可以採用必要步驟，減輕受訪者的顧慮，讓他（她）們不覺得答案會用來使自己呈現出負面形象，或者顯現出不合適或不正確的形象。

3. 作答時要受訪者回答得多仔細，可以略作調整，以左右受訪者對特定資訊的感受。

4. 可以要求受訪者把他（她）們的答案，轉換成特定的密碼，研究者或訪員都不能直接解讀這個密碼。

　　問項的合適性：大概沒有什麼課題會讓研究者比問人家的收入更覺得可悲。訪員經常會提到一些訪問經歷，說有些受訪者願意回答一些看起來很私人性的問題，例如跟得愛滋病有關的冒險行為，卻反對作答有關他（她）們家庭收入問項。

　　在這個社會裡，當然會有一種想法，認為收入是私事，不該跟一般人分享談論。此外，受訪者願不願意回答問卷調查的問項，顯然是要看他（她）們能不能看清楚某個特定問項跟研究目的之間的關係。如果有人答應參與跟健康或政治意見有關的研究，對他（她）們來說，研究者為什麼也需要知道受訪者的收入有多少，個中道理並不就一定能夠讓人明白。

　　當然，研究者會說收入是人們所擁有資源的一個指標，也可以讓人看出來他（她）們可能面臨那一類的問題。跟收入有關的資訊，有助於描述和詮釋其他答案的意義。當一個問項的目的不是很清楚的時候，向受訪者解釋這個目的，應該是很合理的事。有些受訪者會回答任何問項，而

不去擔心問項的目的；但是提供一些貼切的解釋給受訪者，讓他（她）們明白爲什麼要包括某某問項，這麼做通常會幫助他（她）們提供出正確資訊。

同樣這個主題有個變調：有些問項對人口中某些群體似乎不適合問。最近有個系列研究提供絕佳的例子。這個研究想要認定一般人感染愛滋病的危險性程度。研究者要進一步了解危險的性行爲，有個方法是問人在性交的時候有沒有使用保險套。

但是實際上，使用保險套與否，只有對性伴侶的危險狀況完全不知的那些人來說，才是相關議題。美國社會中的成年人，大部分都是單婚或者有好一段時間沒有性伴侶。如果說有人很清楚自己的性伴侶沒有感染 HIV 病毒，問他（她）們有關性生活的點點滴滴，就顯得容易冒犯人（而且很可能真的會冒犯）。而且這樣子問來的資訊，也跟感染愛滋病的危險性無關。雖然這麼說，對人群中有好幾個性伴侶的那群人來說，問使用保險套的情形絕對重要。

當我們從事第一次調查，要研究跟感染愛滋病毒危險性的相關行爲時，我們在預試問卷裡放進一些問項來問使用保險套的情形，以及其他會增加感染危險性的性行爲模式。這些問項是用來問所有的受訪者。結果訪員和受訪者都覺得這些問項相當困難，對許多性生活不活躍或單婚的人來說，這些問項讓人覺得具侵犯性，問項的目的也很難去理解。

後來我們改變了訪問的程序，先問受訪者在過去一年內有過多少位性伴侶。此外，也問那些單婚的受訪者，他

（她）們的性伴侶有沒有任何感染愛滋病毒的危險。一旦認定了某群人不是單婚，或者是報導出有位高危險群的伴侶，才接下去問這群人在性行為時保護自己的一些相關問項。就那群人口中特定的次群體來說，訪員和受訪者雙方都心知肚明為什麼這種問項問得有意義，而整個問項系列問起來也會順利得多。

就某個意義來說，這例子說明了要事先想好在研究分析的時候，經過訪問問出來的答案有什麼目的。研究者只有在分辨清楚這個答案對理解研究問題有個清楚角色時，才應該問人問題。此外，受訪者越能夠看清楚正確的答案在解釋研究議題上扮演什麼角色，就越願意正確地回答問項。

支配答案的意義：有些關鍵因素誤導受訪者扭曲他（她）們的答案，其中之一就是擔心他（她）們會讓人歸錯類型，擔心他（她）們給的答案所受到過錄或判斷的方式不甚妥當。因此，他（她）們會朝自己認為恰當的方向來扭曲答案，以提供更為正確的意象。

受訪者會找線索，想要看看他（她）們的答案會怎麼樣受到詮釋。研究者在設計問項的時候，可以想點辦法，盡量讓受訪者不必去擔心他（她）們的答案會如何受到判斷，如此一來可以減輕作答上的扭曲。

一般有下列三個途徑：

1. 研究者可以在問卷簡介的地方加以說明，或者另外設計一系列問項，讓受訪者盡量不會覺得有些答案會給予負

面評斷。

2. 研究者可以設計一系列問項，讓受訪者有辦法提供一些見解來看答案的意義。

3. 受訪者對於他（她）們的答案會怎麼樣受到判斷，通常有些見解，調查回覆的作業可以設計成來將這些見解予以結構化。

問項設計最原始的技術之一，是在問項中加上導言，說明可以接受兩種答案，或者所有可能的答案。舉例來說，文獻記載人們傾向於過度報導自己去投票的程度，或者有圖書館借書證的數目（Parry & Crossley, 1950）。這樣子過度報導有個理由，就是受訪者擔心研究者會把沒有去投票的人，當作不是好公民，或者把沒有借書證的人，看成是不識字、或者沒有文學修養。有些人覺得這樣子分類不恰當，就扭曲他（她）們的答案，好讓自己看起來更符合社會的期望，或許也真的讓他（她）們更能夠正確地像自以為是的那種人那樣，跟人溝通。

例 2.16：上次 11 月的總統選舉，您有沒有去投票？

例 2.16a：有的時候我們知道有些人沒有辦法去投票，因為他（她）們對選舉沒有興趣、或者因為不能把工作停掉、因為家庭方面的壓力、為了其他許多理由等等。想一想上次 11 月的總統選舉，您實際上有還是沒有去投票？

評語：像這樣子的導言，目的在於告訴受訪者有些人沒有投票，並不只是因為這些人不是好公民，而還有其他種種理由。這樣子做，是希望受訪者明白：研究者知道有人大概沒有去投票，是因為有很好的理由，而社會上一般對這些理由都完全能夠接受；希望受訪者明白了這一點之後，對於給個「沒有」這個答覆，會更覺得不在意。

　　額外評語：另外值得一提的是，加上了或許相當微弱的「還是沒有」字眼，正反兩種選擇都在問項裡出現。這個特定的問項並沒有以很平衡的方法來呈現。但是受訪者有時候會用個線索來看調查者的偏好，例如在問問項的時候，兩種選擇是不是都給予同樣的時間作答；從這個線索，或許也就看得出來兩種答案是不是都同樣能夠讓人接受。

　　例 2.17：您有圖書館的借書證嗎？

　　評語：一個問項設計成這樣子來問人，會讓受訪者有個傾向以為研究者期望著「有」的答案。負面的選擇在問項甚至沒有提到。由於像這個有方向性質的問項並沒有同時呈現兩種選擇，實際顯示人們在回答這種問項的時候，回答「有」比「沒有」的比例高得多。

　　可能替代方案 2.17a：有許多人從圖書館借書。其他的人會自己買書、訂雜誌、或者用其他方法來獲得閱讀材料。請問您目前有還是沒有圖書館的借書證？

評語：這個問項提供一些合法性，以及一般社會上認為值得認同的一些理由，這些理由都說明為什麼「沒有」這個答覆可以接受。這個問項嘗試要向受訪者確認：回答「沒有」並不必然會給人家詮釋成說受訪者對閱讀沒有興趣。

有些研究針對這種問項上遣詞用字的可能替代方案檢驗效果，結果發現這一類在問項裡作簡介的方法，在有的例子上並沒有什麼效果。就其他例子上來看，這些簡介似乎有作用（Sudman & Bradborn, 1982）。如果研究者在意說某個答案會比其他答案更能夠讓人接受，或者更受到社會上看重，這個步驟可能有助於減輕那些因素——在問項裡加上一段簡介，向受訪者確保：在研究者看來，兩種答案都合理，都不會給拿來反映受訪者的任何負面形象。

例 2.18：昨天您一共喝了幾杯酒？

評語：受訪者為了自己著想，一般都不喜歡這種問項，因為他（她）們昨天的行為，在自己看來可能不是典型的行為。特別是當受訪者昨天所喝的比平常多，他（她）可能就不願意給這個「偏多」的答案，部分原因是因為這個答案會誤導人。

可能替代方案：
例 2.18a：在您有喝酒的那些天數裡面，您通常喝多少杯？

例 2.18b：用昨天一天的喝酒量作例子，您認為您喝的酒比平常多、比較少、還是差不多？

例 2.18c：請問昨天您一共喝了幾杯酒？

有了這一系列問項，允許受訪者跟研究者表達通常的模式是怎麼樣，而昨天的行為是不是具有代表性、是不是典型的行為。受訪者一旦提供了這種作答的背景要素，會覺得更容易給個正確的答案。

Loftus 引述了一個近似的例子（Loftus, Smith, Klinger & Fiedler, 1991）。

例 2.19a：您在過去兩個禮拜裡有沒有看過醫生或跟醫生談過您的健康情況？

例 2.19b：您在過去一個月裡有沒有看過醫生或跟醫生談過您的健康情況？

結果隨著這兩個問項排列的先後次序不同，所報導出來的看醫生次數也有差異。如果是照著上列次序來問，也就是「兩個禮拜」的問項在前，則回覆 2.19a 所報導的看醫生次數會比較多（也就是比先問「上個月」問項、再問「兩個禮拜」問項所得到的結果多）。此外，Loftus 分析給我們看，照這種次序來問，所得到次數比較多的這個答覆，是由於浮報而來。顯然如果受訪者最近看過醫生，而不是在過去兩個禮拜裡看的，會有傾向要把那一次拿來報導。本質上，他們覺得「正確報導」的確實用意，在於讓研究

者知道他（她）們是最近看過醫生的那種人，即使不是確定在過去兩個禮拜裡看的，也沒有關係。但是如果把這兩道問項顛倒過來問，那些在過去四個禮拜裡看過醫生的受訪者，就已經先有機會，來表達他（她）們是最近看醫生的那一類人。於是，要他（她）們真的照「兩個禮拜」問項上的字面意思來作答，就比較容易，而他（她）們所報導的也就比較正確。

　　無可否認的，為什麼問項次序會造成這樣子的效果，其中有認知的成分，也有動機的成分。這樣子改變問項次序，可能另外有個效應：強調當問項上說「兩個禮拜」的時候，研究者真的是要知道這兩個禮拜內的情形，而不是泛泛的「最近」。無論如何，要讓人適當地給予分門別類，無疑也是一項要素。

　　報導期間的長短以及社會可欲性之間的關係，還有個更為一般性的原則值得一提。承認自己「曾經」吸過大麻，要比說自己「最近」吸過，對受訪者的感受來得不具威脅。相反的，說自己上一次選舉沒有去投票，比起說自己「從來沒有」投過票，會顯得不那麼威脅到受訪者的感受。這兩個例子當中有個關鍵議題：答案可能會影響到「受訪者是什麼樣的人」這種判斷。一個革心洗面的「罪人」（尤其如果這個「罪」是老早以前所犯下的）跟一個偶而「脫軌」的正經者，都是多數人願意投射出來的意象。目標之一就是在受訪者提供所需資訊的同時，允許他（她）們朝正面的方向來把自己呈現出來。對「報導期間長短」和「答案所傳達的訊息」之間的互動關係加以注意，便是實現這

個目標的步驟之一。

　　Sudman 和他的同事援引了另外一個例子，用來說明「允許受訪者提供作答背景」這個方法，可以如何來改進報導的品質（Sudman & Bradburn, 1982）。他們的焦點同樣又是放在酒精消耗的量上面。

　　例 2.20a：一般說來，您喝酒喝得比您的朋友們多、比較少、還是跟您的朋友們喝的量差不多？
　　例 2.20b：請想一下您所知道的朋友裡面，誰喝酒喝得最多？您想這位朋友通常大概喝多少杯酒？
　　例 2.20c：您自己呢？當您喝酒（任何酒）的時候，通常一天會喝多少杯？

　　Sudman 和 Bradburn 發現，平均來說，先問了前面兩個問項以後，第三個問項的答案明顯的會高得多。他們猜想原因在於這一系列問項讓受訪者提供一些作答的背景。如果沒有像 2.20a 和 2.20b 這樣的問項，受訪者可能會落得去臆測研究者會想喝多少杯酒才算「太多」。為了要減輕受到負面評價的機會，總是有個壓力要保守一點，要把所報導的喝酒杯數減低一點。但是有了前面兩個問項，受訪者可以提供一些背景訊息，多少襯托出在他（她）自己所處的社會情境裡，喝多少酒才算是「很多」。這個問項系列幾乎保證受訪者至少會報導一名比他（她）自己喝得還多的人。有了這個人當支柱，要正確地報導受訪者通常的行為就變得容易得多了。

改進調查問題：設計與評估

Sudman 和 Bradburn 的研究裡另外有一個例子，應該也值得在這裡提一下。這個例子又是跟酒精消耗量有關。

例 2.21：您喝酒的時候，通常一天裡會喝多少杯——一杯、兩杯、或者三杯，還是更多？

評語：在這個問項裡，回覆的類屬本身就對某些受訪者傳達出他（她）們的答覆會怎麼樣給評價。依這些回覆來判斷，應該有理由下結論說「三杯或更多」算是個高類屬，是研究者想要知道的最高分類。

例 2.21a：您喝酒的時候，通常一天裡會喝幾杯——一或兩杯、三或四杯、五或六杯、或者七或八杯？

評語：讀者要是知道說對這一題回答「三或更多杯」的人，比前一題回答「三或更多」的人多得多，應該不會覺得訝異。在第一個問項中，三杯是最頂端的一個類屬；在第二個問項裡，三杯則是個相當中等的類屬。從第二項的回覆類屬，可以看得出來研究者認為有些人喝七杯或者更多。

事實上，Sudman 和 Bradburn 發現這個問項最好的問法，就是完全不列出類屬；也就是說用開放的型式來問這道題目，讓人直接給個數字就好。雖然有時候將回覆事先分類，回答起來可能比較容易，可能是個正確決定，研究者還是應該注意：回覆類屬給受訪者提供了資訊，讓他（她）

們會去猜想答案的範圍可能有多大。

最後，對問項目的的理解，會受到前後問項的主題影響。例如，有關使用酒精的問項，會因為問項本身是不是跟著使用古柯鹼和大麻，或者跟飲食有關的題目，或者受訪者有沒有採用什麼步驟來減輕心臟病發作的機率，而顯現出非常不一樣的意義。

例 2.22：研究指出，某些步驟跟心臟病發作的低機率有關。我們很有興趣想知道可能影響心臟病發作機率的一些行為。例如，在過去七天裡面，您有幾天做過下列這些事：

a.　服用任何阿斯匹靈？

b.　運動至少 20 分鐘？

c.　至少喝一杯酒、一罐啤酒、或者一杯含有酒精成分的飲料？

評語：這個問項跟一個有關服用毒品或酒醉駕車的同樣問項比起來，顯然會看起來很不一樣。

以上舉出來的這幾個技巧，都有個共同的主旨：盡量不要讓受訪者覺得他（她）們的回答會受到負面評判。讓受訪者提供一些評量的背景資料，以及盡量不要讓研究者的判斷在問項裡出現，這兩個方法都可能幫助受訪者，使他（她）們更能夠放得開來給個正確的答案，以引導跟事實相關的問項。

盡量減少詳細的答案

上面討論包含了這麼一個例子：提供比較沒有組織的型式讓人答覆，似乎對受訪者的報導有所幫助。但是反過來設計也可能有同樣效果。在有些例子裡，根據範圍比較廣的類屬來選答，跟給予詳細答案比起來，會比較沒有壓力。

例 2.23a：以最接近的千元作標準，您的年薪是多少？

例 2.23b：您的年薪是低於 3 萬（美元）、在 3 到 6 萬之間，還是高於 6 萬元？

評語：多數讀者無疑的會覺得第二個問項比第一個問項不容易引起答題上的扭曲。當然，第二個問項的答案所帶來的資訊少得多。但是，正是「缺乏資訊、缺少詳情」這項缺點，讓問項更容易讓人接受，也更沒有壓力。

在電話訪問裡，經常會用另外一個跟這種方法相關的版本。首先透過像上面 2.23b 那樣的大分類來問受訪者的收入；然後再用一兩個問項來追問，把原來的大分類再細分。例如對那些答「少於 3 萬美元」的受訪者而言，追問題目可能會是：

例 2.23c：是比 1 萬少、在 1 萬到 2 萬之間、還是比 2 萬多？

照這個辦法，當受訪者回答兩個各含三個選項的問項時，這些答案可以實際歸類成 9 個收入等級。

考量需要蒐集的答案要詳細到什麼地步，是問項設計過程中重要的一步。從分析的觀點來看，通常比較容易先蒐集詳細一點的資料，然後在分析的階段中，把答案合併成比較大的分類，來製造出有用的資料。但是這麼做卻是把負擔加重到受訪者身上。對有些例子而言，由研究者要求受訪者提供比較不詳細的資訊，可能是最好的策略。這樣子的策略可以導致比較高的回覆率，也比較不會在回覆時有所扭曲，還是值得。

用代碼來回答問項：在上面所有這些策略上，我們討論了怎麼樣建構資料蒐集的工作，和怎麼樣設計問項的形式，來提升受訪者向訪員提供正確答案的可能性。另外還有一種策略，可以絕對預防研究者、訪員、或任何其他人知道受訪者的確實答案是什麼。但是結果卻可以導致有用、可以分析的資料和估計值。

有個策略目前正在「國家健康訪問調查」中使用，用來估計受訪者感染愛滋病的危險性。問項是像這樣子：

例 2.24：下面這些說法如果用在您身上，是不是真的？

a. 您有血友病，而且從 1977 年以來就接受凝結功用濃縮劑嗎？

b. 您是海地或東非中部的人，而且是在 1977 年以後進入美國。

c. 您是在 1977 年以來跟其他男性有過性行為的男性

（即使只有過一次）。

d. 您在 1977 年以來曾經透過針頭來使用非法毒品。

e. 自從 1977 年以來，您曾經跟會對上述任何一個項目回答「是」的人作過性伴侶。

f. 您曾經在 1977 年以來，為了金錢或毒品跟人有過性行為。

評語：一個「是」的答案是代表受訪者至少做過上列各項的其中一件。但是這個答案並沒有告訴訪員或研究者，任何有關危險性的特別活動。只有受訪者知道為什麼他（她）有這個危險。雖然回答「是」可能並不為社會所期許，要對這樣一個問項答「是」，大概比對一個個問項答「是」或「否」要來得容易。

雖然是這麼說，還是有個精緻得多的架構，讓研究者用來估計那些社會十分不期許，或者非法的行為或事件。這個方法叫做「隨機回覆法」（random response method），是使用不相干的問項來估計（Droitcur, Caspar, Hubbard et al., 1991; Fox & Tracy, 1986; Greenberg, Abdel-Latif & Simmons, 1969）。

例 2.25：

a. 您在上個月裡面，有沒有吸過大麻？

b. 您母親的生日是不是在 6 月？

程序：給予受訪者類似這樣的兩個問項。然後設計一

套程序來指定受訪者要回答那個問項。這個程序必須設計得只有受訪者會知道要回答的是那一個問項，而不是訪員。

　　曾經用過的策略包括要受訪者丟銅板，或者用一些只有受訪者看得見的色球，來指定要回答那一個問項。

　　我們來看看丟銅板的例子，因為這是最容易解釋的策略。假設我們要求受訪者丟擲銅板，而且只有受訪者看得到結果。我們跟受訪者說如果丟銅板的結果是正面，他（她）就要回答問項 A；如果是反面，則要回答問項 B。答案必須是「是」或「不是」的形式。

　　照這個方法，雖然訪員會知道答案是「是」還是「不是」，卻不會知道受訪者是根據問項 A 還是問項 B 來回答。

　　這樣做對研究者有什麼用處呢？來看看表 2.1。

　　所有的受訪者當中，有 20%回答「是」。我們知道有一半的受訪者回答問項 B，而就回答這個問項的所有受訪者來說，回答「是」的真正比例應該是比 8%稍微高一點（也就是十二分之一）。因此，這個答「是」的 20%裡面，大概有 4%是歸於那些母親在 6 月出生的受訪者所回答。也就是說，剩下的樣本回答「是」（佔總樣本的 16%），因為他（她）們在上個月曾經吸過大麻。此外，因為只有一半的樣本回答問項 A，我們的估計是這群抽樣的母體裡面，有 32%的人在上個月吸過大麻。

表 2.1 用隨機回覆來估計

	所有問項的回覆	不相干問項的估計回覆[*]	目標問項的推論回覆	目標問項回覆的修正百分比
是	20%	4%	16%	32%
否	80%	46%	34%	68%
	100%	50%	50%	100%

[*]不相干問項是「您母親是不是在 6 月出生？」。有一半樣本針對這個問項作答。另外一半則問一個目標問項，例如「您上個月有沒有吸過大麻？」

還有些不同的版本採用這個經過嘗試的相同觀念。

例 2.26a：請您算一下下面這個加法。想一下上個禮拜裡您曾經吸過任何大麻的天數，然後拿這個天數，加上您家裡現在可以用的電視機數量。兩個數字加起來是多少？

例 2.26b：您家目前有多少台可以用的電視機？

程序：在界定好一定比例的訪問裡，訪員問問項 A，在其他的訪問裡則問問項 B。從回答問項 B 的樣本裡，研究者可以估計可用電視機的分布情形；因此，問項 A 答案平均數和問項 B 答案平均數之間的差，就是答問項 A 的人裡面，說他（她）們上個禮拜吸過大麻的平均天數。

這些技術顯然有些缺陷。第一，它們在訪問的時候會

多花時間。訪員得向受訪者解釋這些技術怎麼運作，並且說服受訪者，讓他（她）們相信實際上沒有人可以算得出來（或想得到）答案對任何特定的個人代表什麼意義。第二，為了要讓人覺得可信，對不相干問項的選擇必須要考慮周詳，免得因為「是」這個答案對這個不相干的問項來說極少發生，或者他（她）們想有人可能猜得到這個不相干問項的答案是什麼，而讓受訪者同樣覺得會暴露隱私。例如在上面有關吸大麻的第二個例子裡，碰上每天都吸大麻的人，可能就不願意去算那個加法，因為家裡不大可能會有七台能看的電視機。

第三，用來傳達給受訪者「要回答那一個問項」的策略，必須讓受訪者確定訪員無法輕易地猜到他（她）們要回答的是那一個問項。

這些方法的另外一個缺點，是不可能在個人層次上作分析。同時也應該注意這些估計值的標準誤是根據回答「目標問項」的人數所計算，而不是整個樣本裡的人數。因此，照這個方法做的標準抽樣誤差會比較大，比一般直接問每個人來蒐集資訊要來得大。但是從這些技術上，還是有可能針對可以界定的各種不同副群體，以及整個母體，來估計各種事件發生的比率。

這些問題可以解釋一項事實：隨機回覆技術（和不同的變異或版本）在調查研究裡並不是很常用。除此之外，大概是因為程序複雜，這些技術顯然沒有消弭報導上的誤差。但是有時候我們看到這些技術所導出的估計值，要比研究者從直接問項所能製造出來的，看起來更正確

（Greenberg et al., 1969）。更有甚者，這些技術實際上是保護了受訪者，因為不管怎麼樣，都沒辦法把一位特定的受訪者跟一個報導的行為連結起來。

小結

本章討論了許多策略，讓研究者用來減輕「受訪者避開社會不期許答案」的一些因素。有些策略，像是隨機回覆技術，只會拿來用在一般認為非常敏感的少數幾個關鍵性的測量。例如，如果有人要估計一下人們做了什麼非法事情的發生比率，而這些估計是達到研究目標的核心，或許就值得投入 5 到 10 分鐘的訪問時間，用隨機回覆法來取得兩個答案。但是如果是要改善社會不期許材料的報導情況，用一個設計良好的自行填答策略來蒐集資料，可能同樣有效。

從多數研究來看，關鍵的訊息是：向受訪者溝通，確保答案的機密性；向受訪者表明清楚，正確回答要比自我形象、或者求取訪員的認可來得重要；設計些問項，來盡量讓受訪者不覺得他（她）們的答案會給歸到負面評價的類屬。

這些步驟有可能改善一個調查裡每個領域的報導品質，而不只是那些一般認為特別敏感的領域。研究者不會知道一個問項什麼時候可能引起受訪者困窘或不安。一份調查問卷，應該設計成盡量不讓這種感覺來影響任何問項的答案。

結論

　　本章討論如何設計良好的問項，其間融入了許多建議。最根本的原則是問受訪者可以理解、能夠回答、也願意回答的問項。下面幾點把這些原則轉化成實際運作時應該注意的地方：

1.　避免含混不清的字眼；對問項中的關鍵用詞加以界定。
2.　盡量減輕要受訪者回憶和答題的難度。
3.　如果要問的目標有特別的定義和回憶困難，則使用多重的問項。
4.　鼓勵受訪者運用聯想力和其他有助於記憶的方法，以幫助他（她）們回想，並且將事件在時間上加以定位。
5.　確定所給予的答案形式，符合所要描述的事實。
6.　對資料蒐集的所有層面都要好好加以設計，盡量避免讓受訪者有個錯覺，以爲給個不正確的答案，會最符合自己的利益。

3

用來測量主觀狀態的題目

　　本章討論如何測量人們的主觀狀態：他（她）們的知
識、知覺、情感、判斷等。正如先前所提，測量主觀狀態
有個特點：實際上問項答案並沒有所謂對或錯。「對」隱
含了可能有一種客觀的標準會用來評量答案。答案跟其他
資訊是不是一致，雖然能夠加以評斷，卻沒有其他辦法直
接了解人的主觀狀態，只有靠他（她）們對我們講的內容
來推論。

　　這種說法，並不代表設計問項來測量主觀狀態的時候，
就沒有標準可循。這種標準基本上跟問實際事物的標準一
樣：問項應該讓所有受訪者所了解的都能夠一致，確定他
（她）們都是回答相同的問項。答覆的工作，也就是用來
要受訪者回答問項的方式，應該讓受訪者能夠一致地執行，
也應該提供有意義的資訊，反映出受訪者所要說的內容。

　　到目前為止，最多調查問項問受訪者有關自己或別人

的看法或感覺。這一類問項當中大部分的基本工作，是把答案放在一個界定清楚的單一連續量表上。在描述性的問項上，會用「熱到冷」、「慢到快」、或者「經常到很少」這樣的形容詞來界定一個層面。受訪者要把他（她）們自己，或者所要評定等第的內容，在那個層面上排出次序。如果問項是跟判斷或感覺有關，評第的層面會是正面或負面的一些變異。本章的篇幅，大多用來討論這些問項的設計。

設計問項來測量受訪者是不是同意或者支持某些觀念，就跟設計問項來測量知識一樣，引出一些不同的議題。本章最後幾個小節會描述這些特別的議題。

描述及評價人、地、事

下面列出一些例子，來說明問項的目標。這些例子並沒有意思要在用詞上多作考究，而是用來界定問項設計想要達成的一般性資訊目標。

例 3.1a：您的醫生對您有多友善？

例 3.1b：您認為總統是開明、保守、還是在兩者之間？

例 3.1c：跟本市其他鄰里社區的犯罪率比起來，這個鄰里社區的犯罪程度如何？

這個類屬裡面的一些問項,可能看起來屬於第 2 章的範圍。例如,有關犯罪率的問項答案,可以想成是犯罪率的客觀測量,也可以想成是對人們所理解內容的測量。雖然人們對某個特定醫生的友善程度、某位總統的開明程度、或者犯罪的層次可能看法一致,這些特質其實是隨個人的見解而異。如果有位受訪者說某位醫生不友善,那麼即使其他受訪者有不同意見,這個答案還是構成它本身的事實。

有關自我見解的問項也在此涵蓋。常見的例子包括:

例 3.2a:您常不常覺得快樂?

例 3.2b:您對政治事件有多大興趣?

例 3.2c:您去投票的可能性有多大?

這些問項都要受訪者看看自己,把有關他(她)們自己的資料湊合起來,對某類特質提供摘要。除了要人描述他(她)們自己之外,研究者也要人把那些看法,拿來跟一些標準作衡量。這些標準可以是客觀標準,或者是自我設定的標準。

例 3.3:您認為您目前的體重是過重、差不多、還是太輕?

上面摘錄下來的所有這些目標,都可以透過包含同樣基本架構的問項來達成。這個基本架構由下列三項要素組成。

1. 要評比的是什麼？
2. 所要評比的對象，要放置在什麼層面或連續量表上。
3. 提供給受訪者的連續量表，有什麼樣的特徵。

界定所要評比的是什麼

像所有的調查問項一樣，在設計像這個問項的時候，要確認每個人都是在回答同樣的問項。

例 3.4：您對您健康情形作何評價——極佳、很好、好、差、很差？

跟其他任何一個問項比起來，這個問項大概在更多健康調查裡用過，而且經常獲得證實，是用來衡量健康狀況的一個有效又有用的指標。雖然這麼說，知道說「健康」的意涵在所有受訪者當中不盡一致，並不令人驚訝。有些人著重健康狀況的表象，其他人著重他（她）覺得健康的程度，或者他（她）們過著健康生活的程度。雖然這些概念可能互為關聯，要人回答不同的問項，卻不是可行或理想的作法。只要健康的意涵能夠在不同的受訪者之間，盡量予以標準化，對問項詮釋所造成的變異，就會小得多；而受訪者在回答問項時因為看法不同所造成的真實變異，相對的也會佔有更重要的地位。

例 3.5：一般說來，您認為政府官員多關心您的權益？是很關心、有些關心、只有一點關心、還是完全不關心？

「政府官員」是異質性很強的一群人，而受訪者心裡面想到的是什麼樣的政府官員，可能會影響到對問項的回答。例如在人們的評比裡，地方政府一致比州政府和聯邦（中央）政府對人民的權益更有積極反應。選出來的官員，可能跟政府執行部門的那些人，會受到不一樣的評價。如果受訪者的答案是隨著他（她）們詮釋問項的方向而有所差別，答案裡就引進了一道新的誤差來源。就研究者所嘗試要衡量的內容而言，這種答案將不是那麼好的衡量指標。

例 3.6：您想犯罪是個很大的問題、有些問題、還是完全沒有問題？

「犯罪」也是異質的。人們可以把白領型犯罪、毒品買賣、持械搶劫，都混成單一型的整合體嗎？如果受訪者著重犯罪的不同面向，應該不會令人驚訝。此外，這個特定的問項並沒有交代清楚一個問題的所在地：鄰里社區、城市、地方區域、還是整個國家。人們的關注點在那裡，會影響到答案。跟一般情況比起來，一般人會把自己鄰里社區裡的犯罪問題，評比得比較不嚴重。要是所要評比的目標可以更清楚地予以說明，好讓受訪者不會因為對評比目標有不同詮釋，這樣就會有比較好的測量。

回覆作業

　　研究者已經設計無數策略，來從受訪者身上激勵出答案。最常見的方式，是近似於把作答的對象，放置在一個連續量表上。此外，可以向受訪者要求：

1.　在一個同意——不同意的形式上作答。
2.　將幾個目標按照次序評列。
3.　以敘述或者開放問項的形式作答。
4.　用大小估計的技術

　　這些不同的回覆作業，會加以一一討論。下面從一個單純的評比工作開始。

　　界定評等第的層面：圖 3.1 界定了一個從正向到負向的連續量表。這樣一個連續量表可以用無數的方式向人加以描述，也有無數方式，要人把答案往這個連續量表上找一個位置放。

圖 3.1　評比連續量表的一些範例

極佳		很好			好		差		很差	
10	9	8	7	6	5	4	3	2	1	0
好										不好

	好				不好	

例 3.7a：整個説來，您對您健康情形作何評價——極佳、很好、好、差、很差？

例 3.7b：請想一下一個從 0 到 10 的尺度，10 代表您所可能有的最好健康情況，0 代表您可能最差的健康狀況，那些中間的數字，則代表在最好和最差之間的健康狀況。您今天的健康狀況可以用那個數字來代表？

例 3.7c：整個説來，您認為您的健康狀況良好嗎？

　　上面這三個問項，都用同樣的連續量表，也都問同樣的問題。有所差別的地方，只有在使用連續量表的方式上。

　　在第一個問項裡，健康程度分成五個類屬，每個類屬都用一個形容詞來標明，從極佳到很差。第二個問項用同樣的尺度，可是只有尺度的兩端用文字標明；受訪者允許用 11 個不同的回覆類屬，而不是 5 個；沒有一個中間的類屬用形容詞來標明；受訪者可以隨意用 0 到 10 之間的任何數字。雖然有這點差異，這兩個例子的不同回覆類型之間，都有個清楚的等第。在第一個問項裡，「很好」優於「好」；在第二個問項裡，8 則優於 6。

　　第三個問項是同樣主題的一個變異。連續量表給分化成兩個類屬，而不是 5 或 11 個。正向的選項標明爲「好」，負向的選項只是不明顯地標明爲「不好」。

　　這些問項之間存在各種不同差異，所造成的測量也有不同意涵。所有這些問項界定一個單一的層次，也都指派給所有受訪者一個相當清楚的回覆差事。此外，這些問項也很可能符合等第測量的基本假設。依據這個假設，跟那

些將自己歸在較低類屬的人比起來，將自己歸在較高類屬的人是作了比較正向的答覆。

不論一個連續量表是用形容詞還是用數字標明，顯然都有潛力讓人用不同的方法來使用量表。某人認為「好」的健康狀況，在另一個人看來也許只是「差」。人們使用這些量表的方式有差異，就會有測量誤差。除了人們對所評價的事有不同看法之外，其他任何影響到回覆的因素，都會減低回覆的效度。

回覆作業的一個關鍵準則在於：界定一個單一面向、而設計來讓受訪者選擇的回覆類屬，有個清楚排列的組合。

例 3.8：您覺得您的草坪怎麼樣？
很滿意
有些滿意
滿意
不滿意

評語：有許多觀察者會說「有些滿意」是比「滿意」更低、更具負面意涵的類屬。如果有些受訪者所作的判斷與觀察者相同，而把「滿意」當作第二高的正向類屬，上述有關回覆次序的假設就會遭到破壞，而在測量過程中造成嚴重的信度問題。如果要用形容詞的標籤，就絕對要注意保持不含混的次序。

例 3.9：下面那一類形容詞最適合描述您的醫生？

很能幹而且有專業修養

很能幹而且很友善

相當能幹而且很友善

相當能幹但不友善

評語：這些選項當中，顯然包括了兩個面向：能幹和友善。這組特定的選項甚至沒有以有系統的方法，涵蓋這兩個面向組合而成的各種可能性。一般說來，要受訪者同時處理兩個面向，是個錯誤。好的調查設計會要求受訪者在一個界定良好的單一面向上，妥當地作答。

類屬或量表的特徵：如果目標是要受訪者把自己或其他事物，在一個連續量表上予以排列，那麼提供給受訪者的量表或回覆差事裡面，就有些特徵可以加以選擇。兩個關鍵的議題包括：

1. 有多少類屬可以提供；
2. 要用數字界定還是形容詞界定的量表。

一般而言，任何評比工作的目標，都在於盡量提供各種資訊，讓研究者了解：受訪者跟其他人比起來，是處於什麼相對位置。舉一個從正向到負向的連續量表為例，就像圖 3.1 所標示的那種連續量表和像下面這種問項的答案：

例 3.10：一般說來，您認為總統的工作表現是好還是不太好？

這樣子的問項將受訪者分化成兩群。也就是說從這個問項所得到的資訊並不很細緻。答「好」的受訪者比答「不太好」的人更傾向正向評價。但是即使這些人對總統工作表現所持有的正向評價，可能有程度之別，彼此之間也有相當大的變異，並沒有資訊顯示出回答「好」的所有這些人之間有那些相對的感覺。

另外還有一個議題：答案的分布。在上面那個例子裡，假設受訪者大多以特定的方向回答問項；例如，假設 90% 的人都說總統的工作有「好」的表現。這樣子的話，這個問項的價值就特別的微不足道。問項所提供給我們有意義的資訊，只有群體裡的 10%，也就是是回覆「不好」的那 10%。對群體裡回答「好」的那 90% 而言，就完全不知道他們跟其他那些提供同樣答案的人比起來，到底有什麼特別的地方。

這個分析應該顯示出，在考慮一個回覆作業的最理想類屬時，有兩個一般的原則。第一，只要可以獲得有效的資訊，多一點類屬要比少一點類屬來得好。第二，泛泛來說，連續量表最佳的一組類屬，會讓受訪者在各個回覆類屬之間，得以分布得最為廣泛。

基於這些考慮，有用的選項數有沒有限制呢？選項越多就一定是越好嗎？這個「用越多選項可以製造出越好的測量」原則，至少有兩點限制因素。第一，人們到底能夠用量表來提供有意義的資訊到什麼地步，似乎有實質上的限制。雖然一個量表上的最佳選項數量可能不盡相同（一部分是在測量的面向上有所差異，一部分是因為受訪者的

分布，或所有評比的項目而異），多數研究已經揭示，那些包含 10 個以上選項的回覆作業，很少能夠提供新的有效資訊（Andrews, 1984）。超過 10 個選項以上，人們似乎就不能提供新的資訊；所能夠加上去的變異，似乎主要是反映了人們使用量表的不同方法。實際上，多數受訪者所能夠有效用來評比多數問項的類屬，大概也不會比 5 到 7 個再多了。

　　第二個議題跟問卷施測的容易與否有關。如果調查問卷是自填的（也就是人們自己去讀那些問項），或者是由人親自施測（施測時訪員可以交給受訪者一個回覆類屬的清單），那麼清單中長串的量表切割點，就不會帶來任何特別的問題。但是當調查是在電話上施測時，就有必要讓受訪者記住有那些選項可以答覆，才能夠回答問項。而人們所能夠記得一串複雜選項的能力，顯然是有限的。

　　當長串、複雜的量表透過電話來呈現時，有時候會發現這種方法會產生偏誤，就因為受訪者不能好好的記住有那些選項。舉例來說，受訪者有個傾向，對頭一個和最後一個選項，會比那些中間的選項記得清楚（Schwartz & Hippler, 1991）。當問項要用在電話上時，研究者通常寧可用只有 3 或 4 個回覆選項的測量量表，以便讓回覆的作業更容易，並且確保受訪者在回答問項的時候，知道所有的回覆選擇。

　　第二個獨立的議題是使用數字或形容詞來標明選項。偏好形容詞量表的主要論點，是所有的切割點用話語來標明，口徑會更加地一致。

看看下列例子：

例 3.11a：在一個從 0 分到 10 分的量表上，10 分代表
您能夠想到最正面的極端，0 分代表最負面的極端。您
認為您昨天晚上所看的電影大概可以得幾分？

在這樣一個回覆模式裡，兩個極端大概已經盡可能地
加以界定清楚。但是 5 分的意義可能就有點含混。「5」是
個中性點，是由正向轉入負向的一點嗎？這麼說，是不是
代表如果某人的「淨感覺」是正面大於負面，就只能選擇 6
或更高的分數？

換個角度來說，人們是不是把這個量表，當作更像是
個溫度計或者感覺的梯子來用，實際上是在評量正向的程
度，而不是在經過中間點後，就作負向的評比？

這些不只是假設性的問項。

例 3.11b：想想一個從-5 到+5 的量表。在這個量表裡，
+5 代表您能夠想到最正面的極端，而-5 代表最負面的
極端。您認為您昨天晚上所看的電影大概可以得幾分？

如果第一個問項（從 0 到 10 分）把 5 一致當作中性點
來用，這兩個問項的結果應該完全相同。實際上結果並不
完全相同。平均而言，跟在第一個問項上回答 6 或更高分
比起來，人們在回答第二個問項時，更有可能報導正向的
評比。此外，兩題的答案分布也不一樣（Schwartz, Knauper,

Hippler, Noelle-Neumann & Clark, 1991）。幾乎可以確定的是，人們使用十點量表中間部分的方式，並不一致。

界定清楚人們應該指涉什麼意義在中間數字上，是改善一致性的一項潛在方法。但是這類途徑會傾向於使用形容詞來標明那些切割點。給一個連續量表上所有的回覆選擇標上形容詞，可能更能夠一致地運用量表。

事情的另外一面，是很難想出恰當的形容詞，來標明多數連續量表上 5 個或 6 個以上的切割點。研究者試著想出一些形容詞來，可是有些形容詞之間聽起來很接近或相類似。實際上是不可能找到一系列形容詞來界定有十個點的量表。

用數字還有個相關的優點：按照數字排列的十點量表，便於記憶，用起來也容易。因此，在進行電話訪問時，雖然很難教受訪者 5 或 6 個他（她）們記得住，也可以拿來作貼切使用的形容詞，要用數字來界定一個十個切割點的量表，相對的就簡單了些。因此，如果提供無數選項的話，使用由數字界定的量表，可以提升在電話上進行評比訪問的信度。此外，這樣做也可以提升在不同資料蒐集模式之間，進行主觀性評比的測量比較性。

最後，有個問題跟跨國研究有關：如何在不同文化團體之間，取得有關主觀狀況的一致測量。這個問題在美國的研究也逐漸呈現。特別是當量表由形容詞界定時，研究發現幾乎不可能在不同語言之間有精確無誤的翻譯。不同語言之間的形容詞量表並不能真的作比較。

如果改用數字代表的量表，那些問題是不是就比較不

嚴重呢？還沒有證據充分顯示。但是這種數字量表當然應該能夠翻譯得更好，也比較容易，因為真正需要的是好好的翻譯連續量表的兩端。

　　總結來說，要人回答用 2 個或 3 個選項的評比問項，對受訪者和訪員來說都是個比較容易的差事，但是每個問項所能提供的資訊也比較少。用多一點選項，例如從 5 個到 10 個，會比用少一點選項提供更多有效的資訊，讓我們了解受訪者的相對位置；在多數回覆作業中，超過 10 個選項所能增加的有效資訊，大概就很有限了。

　　最後，在許多不同的情況下，用形容詞量表大概造成更一致，也就是更有效的測量。數字量表雖然只有在連續量表的兩端加以界定，也許只要加上泛泛的討論，讓受訪者知道怎麼使用兩極之間的切割點，就能有無數優點，而成為一個很好的方法，在執行一些評比工作的時候派上用場。

使用「同意－不同意」的形式

　　在上述這幾節裡，我們已經討論了要受訪者把探討的對象放在一個連續量表上，加以分類或評等第。在這個過程中，通常會選擇個形容詞或數字，放在量表裡標明。同樣的作法也可以透過同意－不同意的形式來進行。

　　這種問項的目標，基本上跟那些在前一節所討論的一樣：把人們沿著某些連續量表排次序。

例 3.12a：我喜歡 Ike。

例 3.12b：我的健康狀況極佳。

想一下我們看過的那種從正向到負向的連續量表。上面這兩個說法都可以很妥當地放置在一個連續量表的正向那一端。第一項是對美國前總統艾森豪的感覺，第二項是對個人健康情形的評價。

圖 3.2　次數量表

一向如此	經常	通常	有時候	很少	從不

假設一個人給問道對這些說法同意還是不同意。本質上，受訪者認為他（她）們的看法落在連續量表上大致正向的那一端，而上述「我喜歡 Ike」或者「我的健康狀況極佳」的說法，在他（她）們看來是在這個正向極端的合理距離內。

例 3.13a：我有時候覺得沮喪。

這樣一個說法會落在圖 3.2 所列出來那個連續量表的中間。這個說法是在「我常常覺得沮喪」和「我很少或從來不會覺得沮喪」這兩個說法之間的某一點。如果有個受訪者給問道同不同意這樣一個說法，當有人說不同意的時候，就會有詮釋上的問題。一個人不同意這個說法，可能是因

為「我有時候會覺得沮喪」似乎低估了問題所在，也可能因為它高估了問題的癥結。用這種說法當作測量態度用，所得到的結果無法令人接受。為了能夠詮釋答案，必須從量表找出另外一點，放在問項本身來問：

例 3.13b：我經常覺得沮喪。

例 3.13c：我很少覺得沮喪。

用「同意－不同意」或「真－假」的策略來把評比的對象放入量表，這種作法有幾點缺點。

1. 所問的項目必須很清楚的位居一個連續量表的一端，這樣子的話，「不同意」的答案詮釋起來才沒有含糊不清的地方。

2. 問項通常在認知上頗為複雜；把「不同意自己很少覺得沮喪」解釋成「常常覺得沮喪」，是個錯綜複雜的方式。

3. 即使有四個類屬讓受訪者勾選（例如非常同意、同意、不同意、非常不同意），答案通常也會合併成兩個類屬來分析：同意相對於不同意。因此，這樣的問項並不能製造太多資訊。

4. 教育程度較低的受訪者容易有順從的傾向，讓他（她）們特別可能朝「同意」的方向作答。就是這種傾向，使 Converse 和 Presser（1986）還有其他人，力勸出題者不要使用這樣子的問項形式。

要測量受訪者對觀念或政策的感覺,這種形式的問項很難避免。這種問項會在本章稍後加以討論。但是如果目的是要對什麼事物在連續量表上加以評比或排列,用個更直接的評比作法,幾乎能保證更能達成同樣的目的。我們可以問受訪者同不同意「我的健康狀況極佳」這個說法。但是問道「您覺得您的健康狀況如何——極佳、很好、好、差、很差?」是多麼簡單、直接、而更富涵資訊!

等級的排列

　　研究者在有些情況下要受訪者在某些面向上比較事物。

　　例 3.14:您比較喜歡那位候選人?

　　例 3.15:您認為這個城市所面臨的最重要問題為何?

　　例 3.16:下面是有些人要決定住在那裡時所考慮的一些因素。那個因素對您來說最重要?

　　離工作地點近

　　學區內學校的品質

　　公園

　　安全

　　鄰近購物地點

　　例 3.17:我接下來會念出候選人的名單。請您告訴我您認為這裡面那一位最開明。

基本的問項目標，可以透過下面四種作法的其中之一來達成。

作法 1：可以給受訪者一個清單，上面列出所有選擇，然後要求受訪者在某些連續量表上，將這些選擇從高到低，依序排列出來。

作法 2：可以將選擇列出來給受訪者看，然後要求他（她）們在所要評比的面向上，舉出最極端的一項（或者第二項、第三項等等）。

作法 3：可以要求受訪者，針對一連串兩兩成對的項目作比較，這樣子就可以一次列比兩個選擇。

作法 4：可以給受訪者一個表列，然後請他（她）們依據一些量表，對其中每一項選擇都一一作評比（而不只是把選項依據彼此的次序排列，或者從中選取一個或多個最極端的項目）。

如果選項的表列短短的，作法 1 就不難進行。但是一旦表單變得更長，這個工作在電話上執行的時候，受訪者便無法看到所有的選擇，執行上會更困難，甚至很快變得完全無法執行。

當選項表很長的時候，作法 2 比作法 1 來得容易（或者甚至當表列很短時，也是如此）。通常研究者只要知道最重要或者次重要的選項是什麼，就覺得滿意了，不必知道完整的等級排列。碰到這種情形，作法 2 有其可取處。

心理測量師常常喜歡兩兩對比的方法。照這個方法，

每個選項都跟其他每一個選項拿來作比較，每次比較一對選項。但是這種製造出一個等第排列表的方法，既耗時又麻煩，所以在一般調查裡很少使用。

不管資料蒐集的模式是什麼，這裡面最好的可能是作法 4。這個作法對受訪者來說，大概是所有作法當中最容易的一項。此外，按照等第將選項加以排列的作法（作法 1 到作法 3），並不能提供任何資訊，讓人了解各個選項評等連續量表上的相對位置。受訪者可能對這些選項都評得很高或很低，而等第排列沒有辦法提供這方面的資訊。

作法 4 所提供的資訊，是關於選項在評分量表上的位置。雖然可能會有得一樣分數的情形出現，以致於不能完全知道彼此間的排序，通常也會產生一個集體的次序。由於所有這些原因，通常一系列的個別評分，會是達到這些目標的最佳方式，而不是靠等第排列的問法。

開放或敘述性問項的角色

當目標是要把答案沿著連續量表上排列時，允許人以自己的用詞回答，就沒辦法達到這個目標。
考慮一個像這樣子的問項：

例 3.18：過得怎麼樣啊？

人們可以用各種方法來回答這個問項。有些人會說「還好」，有些人說「好極了」，有些人說「還不錯」。如果

有人要嘗試將這些答話加以排列，有些等級性的性質就會清楚些。那些說「很糟糕」的人，很顯然的會跟那些說「好極了」的人，給歸到一個連續量表的不同點。但是就沒辦法將「不錯」、「相當好」、「夠好了」、或「還滿意」這些答覆加以排列。

以這種形式設計的問項，第一步就是要界定一個連續量表。這個連續量表能夠讓受訪者比較清楚如何回答問項、如何將回覆的作法加以結構化、如何提供可以接受的答案種類。有了清楚界定，每個人才能根據同樣的量表和同樣的回覆選項來作答。

連續量表必須設定清楚，也必須告訴受訪者如何使用連續量表。要辦到這兩點，就得選擇恰當的形容詞或數字。如果問受訪者覺得某件事物如何，卻讓他（她）們用自己的話來描述，他（她）們就難免會用上一些無法適用次序形式的話。如果目標是將答覆加以排列，就不能使用敘述性的答覆模式。

相反的，如果問項的目的是認定各種選項之間的先後次序或偏好，便有個真正的選擇。

例 3.19：您認為當地市政府今天所面臨的最重要問題是什麼？
例 3.19a：下面列出當地市政府所面臨的一些問題：
a.　犯罪
b.　稅率
c.　學校

d.　垃圾蒐集

您認為那一項最重要？

　　開放問題的問法有幾點好處。它不會把答案限制在研究者所預想得到的那些範圍內，所以有機會學到原來期望不到的內容。它也不需要視覺上的協助，所以可以在電話訪問上行得通。從另一方面來看，答案的多樣化可能使得結果難以分析。問項的焦點越集中，所要求的答案種類越清楚，得到的答案也越可以分析。此外，Schuman 和 Presser（1981）發現，跟開放性問項比起來，把選項列成表讓人來選，所問到的答案可以會更加可信，也更有效。如果可能的答案從缺，或者列出來很長，用開放的形式可能就是對的作法。除此之外，雖然電腦輔助的訪問創造出莫大壓力，要人用固定答覆的問項，受訪者還是喜歡用自己的話來回答一些問題。雖然測量結果可能不容易分析，有些問項可能單單為了這個理由，就值得一試了。雖然如此，如果目標是良好的測量，而且選項可以清楚地列出來，提供一些表列出來的選項，讓受訪者從中選擇，通常是最好的辦法。附錄 C 更進一步討論了開放問項的使用。

數量估計法

　　目前為止所討論的作法，是關於人們使用排序的類屬或量表來評比他（她）們自己的主觀狀態，或者他（她）們對其他人的看法。界定量表上的答覆選項時，用一些可

以區辨而不指同一件事的形容詞，有它的好處；但是在目前討論的測量上，還沒有假設選項類屬之間的距離有什麼意義。目前為止，只有假設說在一個量表上答某個類屬或量表上某個切割點的那些人，平均起來可能跟那些把自己評得較高或較低的那些人有所不同。

研究者希望能夠讓人用一些不只提供這些資訊的評比方式。即使真的不可能對一個人的主觀狀態賦予絕對的意義，研究者也已經作過一些探索，看看可不可能設法讓受訪者透露出一些訊息，以分辨清楚或評比他（她）們的等第位置和其他類屬或評比標準之間，有多大距離。

有些技術用來賦予評比工作更多絕對意義，其中最為成功的，大概算是數量估計。下列這段例子，說明如何用這個方法，要求受訪者評比不同職業從業者的社會地位。

例 3.20：我們要用數字來描述從事不同工作者的社會地位。我們要請您用一個從事木匠工作者的社會地位當作比較的基礎。我們把從事木匠工作者的社會地位界定為 100。如果您認為某位從事不同工作者的社會地位，是木匠的兩倍高，您就用 200 這個數字來代表他（她）們。如果您認為某人的社會地位是木匠的一半，請您用 50 來代表。照這個方法，您會用什麼數字來代表一位高中老師的社會地位？

這種練習的目的，是要人們舉出一些確切的數字。這種數字有絕對值的意義，也有一些代數性質，而這種意義

和性質都是有關主觀狀態問項的多數答案所欠缺的。如果我們要人在 1 到 10 的量表上評量社會地位，那些給評為 6 的人，不會是那些給評為 2 的人的三倍好，或者三倍高。人們並不按照那個作法來使用那樣的量表。但是當進行數量估計法時，是希望人們所下的評分，實際上的確帶有那樣的性質。最近有個有趣的作法用上這個策略：請醫師對他（她）們所做種種事情的困難度和工作量予以評分。研究者要醫師試圖用數量估計法來對他（她）們工作的困難程度評分，而不是用一個簡單的評分量表來衡量，主要的理由是：研究者想要把這個答案，拿來看跟另外一個有絕對值意義的變項有什麼關聯：醫生從事種種不同服務，所獲得的金錢數量。所問問項的基本形式如下：「如果執行一次盲腸切除手術所需要的工作量是 100，您認為動個膽囊切除手術所需要的工作量，應該用什麼數字來代表？」實際上探討醫療程序和服務相對價值的研究者，累積了有力證據，證實醫生會按照一個標準來比較醫療程序的相對價值和困難程度；而上述作答的方式，就跟提供這方面的真實資訊相一致（Hsiao et al., 1992）。

這樣子的方法，並不能用在施測研究者想要測量的許多主觀狀態。方法本身需要對受訪者施予相當程度的訓練，相當花時間。此外，雖然這個技術在一些不同的樣本上嘗試過，就像 Rainwater（1974）所做的研究那樣，根據認知能力來選取一些受訪者，明顯的有其優點（Schaeffer & Bradburn, 1989）。由於所有這些因素，數量估計法在調查中用得並不普遍。無論如何，數量估計法是個例子，說明

主觀狀態的測量如何得以延伸，以提供更詳盡、也對分析
更有用的資訊。

測量有關概念的答覆

上面一節所討論的作法，都是針對要受訪者在一個評
分量表上衡量某件事物，或者在量表上對某些項目排序。
調查研究整個行業裡，有一大部分集中在測量人們對各種
不同想法、分析、或提議的答覆。這類問項的內容，就跟
調查研究界的想像力一樣廣泛。這類問項的常見形式，多
少像下面這樣：

例 3.21：請問您贊成還是反對派美國的轟炸機去攻擊
南極洲這個想法？
例 3.22：高一點的稅收通常對有錢人有害，而對窮人
有益。請問您同意還是不同意這個說法？
例 3.23：一般來說，您希望有多一點經費花在附近的
鄰里公園和遊戲場嗎？

在考慮像這些例子的問項時，要區別一件重要的事：
受訪者所面對的作法性質。在第一節裡，問到受訪者將自
己或其他人排列在一些界定好的連續量表上。例如，要他
（她）們照著一個從極佳到很差的量表，評量自己的健康，

或者從好到很差，評量他（她）們所認為美國總統的工作表現。但是這些問項所提出來的作法，有些不同。受訪者不是要將某件事物擺在一個界定好的連續量表上，而是要評比他（她）們自己的看法或偏好，以及問項所表達那個觀念之間的距離。

考慮一下有關受訪者是贊成還是反對一次轟炸任務那個問項。我們假設受訪者對如何看眼前的問題有一致性的意見。問項裡列舉一個政策上的其他選擇。受訪者的工作，就是盤算看看這個政策上的選擇，是不是接近他（她）們自己的觀點，是的話就可以說這是個他（她）們「贊成」的政策。

再看看另外一個近似的例子，想一下有關稅收如何影響富人和窮人那個命題。這個命題顯然是個概化的原則。人們很可能對這個命題抱持溫和的看法，或者只達到那種命題中極端的某個程度。不管怎麼樣，要受訪者做的是：看看自己的觀點，不論是簡單或複雜，拿這些觀點跟問項中的說法來比較，然後決定這個說法和他（她）們自己觀點之間的距離，是不是近得足以讓他（她）們說「同意」。

值得注意的一個關鍵性差異，是受訪者並沒有直接拿一個目標放在一個評分量表上衡量，而是對自己的觀點和一種說法之間的距離加以評價。但是這些問項的標準都一樣：問句應該對所有受訪者都清楚，而且答覆的作業應該讓受訪者都能夠勝任。

例 3.24a：請問您贊成還是反對槍械管制法？

槍械管制法可以指許多事。這種法律涵蓋不同的政策，包括誰可以買槍、人們必須等多久才能買到槍、他（她）們能買什麼樣子的槍這些規則。像這種問項有個基本問題：受訪者所想到的「槍械管制法」（gun control laws）意義，可以隨著每位受訪者的理解而異。

　　研究者要是能夠盡量減低詮釋問項意涵上的差異，就可以增強測量的效度。目標是要教作答上的差異，反映出人們對議題立場的差異，而不是因為對問項有不同的詮釋。

　　例 3.24b：您贊成還是反對立法來阻止那些犯過暴力罪行的人購買手槍？

　　這顯然只是槍械管制法當中的一種。但是一道問項要是能夠像這樣，把所問政策涉及到那些人講清楚，便可以讓有關問項意涵的詮釋差異減到最低，而應該製造出更有效的測量來了解人們的立場。

　　在有些清況下，讓人自己去界定用詞，是合理的作法。

　　例 3.25：您認為基本的健康保險計畫應該涵蓋個人或家庭問題嗎？

　　「個人或家庭問題」在問項裡並沒有加以界定。這樣子問有個道理：要界定構成個人問題的要素是什麼，會相當困難。個人問題的性質各有不同，對某人造成問題的某個情況，對另外一個人來說可能完全不成問題。如果是這

改進調查問題：設計與評估

樣的話，最好的方式大概就是讓每位受訪者自己去界定什麼才會構成個問題。無論如何，從詮釋結果的觀點來看，研究者明白：受訪者所考慮的問題是由相當異質的客觀情境所構成。

再考慮另一個例子：

例 3.26：駕駛汽車不是個權利，而是個特權。

對某些人來說這似乎是個合理說法。但是這個例子卻點出一個用同意－不同意形式來問問項時常見的特徵：就是把兩個問題擠在同一個問項裡來問。

一個問題是：您有多強烈的想法，認為開車是種權利。

第二個問題是：您有多強烈的想法，認為開車是種特權。

把兩個問題放在同一個問項，可能是因為這兩個問題的答案呈負相關：越不認為開車是種權利的人，或許就越認為開車是個特權。雖然如此，把兩個課題放在一起，可能就難以詮釋答案是什麼意思。人們或許會不同意，因為他（她）們認為開車既是權利也是特權。因為這個問項的底層有兩個連續量表在運作，研究者無法把「不同意」這個答案，依照這些連續量表的任何一個作可靠的處理。

我們可以在常常用同意－不同意形式（或類似形式）設計的問項中，找到多重層次在底層運作。下面例子由 Robinson 和 Shaver（1973）引述，就有這點特徵。

例 3.27：美國跟真正的美國生活方式正離得越來越遠，可能有必要用外力來恢復這種生活方式。

三點課題：現在美國離真正的美國生活方式離得多遠，真正的美國生活方式應不應該加以恢復，以及需不需要（或者想不想）用外力來恢復。

例 3.28：寫信給公家機關的官員沒有什麼用，因為他（她）們通常對一般人的問題不是真正有興趣。

兩點課題：寫信給官員的價值，以及官員對一般人的問題有多大興趣。

例 3.29：我在面對未知的新情境時，覺得絕對安全，因為我的夥伴不會見死不救。

三點課題：在新情境中覺得多安全，夥伴多可靠，以及這兩個因素是不是相關。

因為這些問項至少有兩個層次在底層運作，當人們回答這些問項時，答案不能可靠地用來排列這些人。

因此，有兩個關鍵的概化原則，能夠用來說明可以用這種形式發問的這類問項。第一，問項裡的用詞應該盡可能好好地界定，讓受訪者對問項中的觀念有更一致的了解。第二，問項內涵應該加以小心審視，以確定只有呈現一個單一觀念或問題。

答題的作業

執行同意－不同意問法，最普通的方式大概如下：

強烈地同意
同意
不同意
強烈地不同意

這樣子的回覆作業，顯然違反了主觀問項回覆作業的第一條設計原則：包含了兩個層面。「強烈地」暗示著情緒性的成分。這個成分蘊涵著對答案有所信念與關懷，而這種信念和關懷超越了認知作業這個問項核心一個等級。比較好的調查設計會將回覆的連續量表保持在認知層次上。

有兩個比較少用的回覆作業方法，避免了像上述量表那樣的情緒或情感成分。這兩種作法大概也因此比較值得採用。

完全同意   完全真實
大致同意   大致真實
大致不同意   大致不真實
完全不同意   完全不真實

另外一個答覆議題是要不要在同意和不同意之間，提

供一個中間類屬。如果要的話,那麼應該包括什麼樣的類屬。有兩點理由說明了為什麼有人可能沒辦法同意或不同意。有個立場可以名正言順地將某人放置在上述連續量表的中間:那些認為自己的正反意見剛好相互均衡的人。有人對某個說法有些同意,又有些不同意,而對於在兩者之間如何平衡,不能達成結論。當受訪者被迫要選擇,又不給他(她)們中間選項時,大多數人還是會往中間選。無論如何,提供一個中間選項通常會受到受訪者歡迎,在概念上這種作法也使得測量比較合理、比較有意義。

另外還有一群受訪者有時候會選擇這個多餘的類屬:那些對問項了解不夠,或者對自己的意見不很清楚,而無法回答問項的人。

例 3.30:美國應該增加對瓜地馬拉的國外援助。

用這個問題問某些受訪者,可能有人對「美國援助瓜地馬拉的計畫」或者「瓜地馬拉所需要的援助」這兩點其中之一沒有足夠資訊,而無法對這個課題有具體意見。在這樣的情況下,某人說他(她)們沒有意見,並不就是代表他(她)們的意見是在同意和不同意之間的衝突;這種受訪者是在這種量表之外。當受訪者對某個課題可能了解不夠,而無法作答時,就不應該將他(她)們放在量表的中間選項上。應該找出一些有系統的策略,來認定出是那些人缺乏足夠資訊來回答問項。這個課題會在後面的章節裡討論得更詳細一點。

這些問項的測量性質

　　以同意－不同意形式問答的問項，相對的來說是比較不具區辨性的問項。多數分析者把受訪者分成兩類：那些同意的和那些不同意的。這樣子做有個理由，就是研究顯示那樣子的回覆型態，可能跟人們願不願意選擇極端的選項比較有關，而跟所報導意見上的差異比較無關。從兩個選項回覆作業得來的資訊量有限，這個課題顯然也適用於像這樣的問項。

認知上的複雜性

　　一般人很容易用這種形式擬出很難回答的問項。特別是當研究者嘗試要問有關連續量表負面那一端的問項時，這種形式通常會產生認知上的複雜性。

　　例 3.31：我不滿意我的工作。

　　在同意－不同意的格式裡，為了要說他（她）們滿意的工作，受訪者必須得不同意這種負面的說法。不同意一種說他（她）們「不滿意」的說法，就要說成他（她）們滿意，可是一個複雜迂迴的方式。在認知測試上，很容易就發現受訪者受到這種問法所混淆，而不清楚要如何以這種格式來傳達他（她）們所要說的意思。

小結

　　同意－不同意的問項形式，以及一些變異，是調查研究中最常用的測量策略之一。拿來問跟觀念或政策有關的問題時，這種形式算是恰當。但是，雖然這種問項似乎容易寫，卻需要小心操作，才能製造出好的測量結果。

　　這些問項有三點主要的問題。第一，許多採用這種形式的問項並不能產生可以詮釋的答案，因為這種答案並不能夠在一個連續量表上界定清楚的地方來加以定位，或者反映出一個以上的層面。這些問題可以藉著審慎的問項設計來加以解決。但是另外兩個問題在問項形式上就更為普通。跟問項形式更為根深蒂固的關係——這些問項常常只把人歸成兩類，問項本身的意涵通常在認知上相當複雜。雖然有可能以這種形式來設計出好的問項，通常也可能設計出一種更直接的評分作法，以更好的方式來辦好同樣的差事。

測量知識

　　在調查研究上，知識可以用四種方式加以測量。

1.　要人自行報導他（她）所知道的事。
2.　對－錯問項。

3.　多重選擇問項（多選項）。
4.　開放的簡答題。

　　例 3.32a：您對管制槍械擁有權的提案熟悉嗎？
　　例 3.32b：您對管制槍械擁有權的新提案知道多少：很
　　多、有一些、很少、還是完全不知道？

　　顯而易見的，問項的目標是選擇要怎麼問的關鍵。在
針對一般人口所作的調查中，知識問項的最普遍目標，就
是要認定出認為自己對某個課題夠熟悉、可以回答跟這個
課題有關問項的那些人。一個相關的常見目標，是分析看
看那些覺得自己對某個課題夠熟悉的人，跟那些覺得自己
不熟的人，是不是在想法上或行為上有所不同。為了這些
目的，自述知識是個合理的測量方法。事實上，有些研究
者用一些甚至不直接涉及知識的問項，來達成類似的目標。

　　例 3.32c：您有沒有聽過或讀過有關控制槍械擁有權提
　　案的報導？
　　例 3.32d：您有沒有跟任何人討論過槍械管制？

　　這兩個問項都可以當作熟悉某個課題程度的指標。但
是，到目前為止所提到的所有問項，沒有一個有潛力足以
拿來評價人們所有資訊的品質或正確性。有時候研究者要
測量人們知道些什麼。測量知識有兩個比較討好的方法，
就是使用多重選項或是用對－錯形式來設計問項。拿對－

錯或多選項問項來測量知識，有三點共同特徵：

1. 它們都是測量認不認得出來的能力，而不是回憶。
2. 它們都相當依賴建構看起來真實的「錯誤選項」，以及
3. 正確答案的數量，通常要比受訪者知道答案的問項數量要高估一些。

　　從認知的觀點而言，認不認得出來要比回憶來得容易。我們都有過這種經驗：覺得如果我們聽到一個名字或一個字的話，可能認得出來；可是如果沒有人幫忙提醒或暗示，就沒有辦法回想得起來。

　　設計一些看起來正確的錯誤選項很重要，對了解測量過程的意涵是個關鍵。

　　例 3.33a：誰是美國第 13 任總統，是 Millard Fillmore、Zachary Taylor 還是 John Tyler？

　　例 3.33b：誰是美國第 13 任總統，是 Millard Fillmore、Thomas Jefferson 還是 Richard Nixon？

　　問項和正確的答案都一樣，可是多數人會發覺第二個問項比第一個容易，因為錯誤的選項比較明顯。跟第一個問項比起來，許多人大概更有辦法從第二個問項中排除錯誤的選項。

　　當然，這兩個問項都不會像用開放答案的形式來問同樣的問項那麼苛求：

例 3.33c：誰是美國的第 13 任總統？

例 3.33d：Millard Fillmore 是美國的那一任總統？

　　開放問項的優點，是完全沒有假的正確答案；受訪者要不就給個正確答案，要不然就辦不到。反之，用多選項或者用對－錯的格式來問，就算隨便猜，也會按照一些比率猜到正確答案。因此，如果有 60%的人答對一個對－錯的問句，我們或許可以下結論說，只有 20%的人因為知道答案而作答正確；其他的 40%（跟答錯的佔一樣比例）可能只是照一半的機率，剛好就給了正確的答案。

　　開放形式問項的缺點，是可能低估了能夠起作用的知識，因為有些人如果給他（她）們更多一點時間的話，可能會認得正確的答案，或者回想得起來，但是在調查訪問的情境裡就想不起來。此外，所需要答案的精準程度也影響到結果。會有許多人可以正確地指出 Fillmore 是 19 世紀的美國總統，但是這些人在答覆例 3.33c 或 3.33d 的時候，都算不上有任何可取之處。

　　最後，有三個所有調查問項都適用的要點對知識的測量尤其重要。第一，對簡答問項的形式來說，問項裡面說明清楚要怎麼樣才算是個充分的答案，變得特別重要。只要「解釋清楚所需要的是什麼答案」影響到「答案的正確性」，問項在測量知識上就會比較沒有效度。第二，知識的測量是依照問項的設計而有明顯差異，就像其他主觀狀態的測量一樣。因為問項不同，同樣的知識程度可能會產生不同的結果。第三，知識測量的價值，通常是依答案分

布得均不均勻而定。如果多數人都落在同一個類屬（不論是對或錯），這個問項就不能提供研究者太多資訊。

多項目測量

改善主觀狀態的測量有些重要的方法，其中之一是把一個以上問項的答案結合成為一項指標（DeVellis, 1991; Nunnally, 1978）。至少有兩點理由支持為什麼多項目的指標可以產生比單項目更好的測量。

這些多項目指標所產生的詳細測量，可以比單一問項跨越一個連續量表上更大的範圍（或者達得到同樣的目標，但是所加諸受訪者的負擔比較輕）。

1. 這些多項目指標所產生的詳細測量，可以比單一問項跨越一個連續量表上更大的範圍（或者達得到同樣的目標，但是所加諸受訪者的負擔比較輕）。
2. 多項目指標沖淡了隨問項而異的效果，而產生較好的測量，來反映出一組項目所共享的特色。

改善區辨力

多項目測量的最早形式之一，是所謂的 Guttman 量表。

下列問項是個例子：

1. 您可以在一個小房間從這邊走到那邊嗎？
2. 您可以走上階梯嗎？
3. 您可以走過市區裡的一個街坊嗎？
4. 您可以走半哩路嗎？
5. 您可以跑半哩路而不必停下來嗎？

　　如果上列問項形成一個完美的 Guttman 量表，答「是」的數量，就可以告訴研究者一位受訪者可以或不可以做到表上的那些事，沒有例外。如果這些項目成為量表，每個可以跑半哩路的人都可以辦得到前面列出來的那些事；如果有人可以爬上階梯但是走不過一個街坊，這個人應該可以在一個小房間裡從這頭走到那頭，假定這個量表是完美的話。顯然的，基本的概念是生理能力的限度有個層次。照理想的狀況，這些問項中每一個都界定了這個連續量表中的某一點。藉著問一組「是或否」的問項，然後把答案當作一整組來看，就可以算得出來這個人落在這個連續量表上的那個地方。

　　有個原則一樣、應用起來卻稍微不同的用法，並不假設項目之間有像 Guttman 量表所設定的那種次序。假設有個健康狀況會以彼此未必相關的方式影響到人。例如：關節炎可能讓患者很難：

1. 爬上階梯；

2. 使用鉛筆；
3. 彎下或彎腰；
4. 拿高架上的東西。

可能受到關節炎影響的這些不同功能，彼此之間並沒有一定的次序；使用鉛筆有問題，可能跟彎下或彎腰有問題無關。但是可能值得問一下關節炎可能透過什麼不同方式影響到身體功能，然後用某種方法來把答案組合起來，創造出一個症狀嚴重性的指標。

談到如何結合像這樣的項目，是有些課題該注意，尤其是當項目之間未必相關，而且反映出底層狀況的不同面向或表象時。這些項目應該同等地加以衡量，還是有些癥狀比其他的重要？DeVellis（1991）對於如何結合項目，以及結合後的代表值，提出詳細得多的討論；但是這一點還是基本的：拿一系列問項來問，然後加以組合起來，這種做法有時候是測量一種複雜主觀狀態的最佳方式，例如測量健康狀況就是如此。

測量一個共同的底層變項

不管是什麼時候，只要有人用問項來測量某個層面，所得到的答案都可能的確反映出研究者所要測量的層面，還加上一些其他因素。假設說我們想要創造一個測量指標，用來反映某個健康狀況如何影響到人的生活。所問的問項如下：

1. 您的健康狀況限制了多少您在工作上可以做的工作量或工作種類？
2. 您的健康狀況限制了多少您從事娛樂或休閒活動的量或種類？
3. 您的健康狀況限制了多少您在家活動的量和種類？
4. 您的健康狀況限制了多少您隨意活動的能力？

這些問項的目的，是要求得一個測量指標，來呈現出一些健康狀況效應的嚴重程度。但是上述每一個項目的答案，可能反映出這個狀況而引起症狀的嚴重程度，以及在所問到的這些種種領域當中，個人特有的生活型態，或者對個人的特別需求。例如，健康狀況對一個人工作能力的影響，固然會因為這個狀況的嚴重程度而異，很重要的一點，也很可能受到一個人所從事的工作種類而有所不同（例如，需要多大的體力）。同樣的，對娛樂或休閒活動的影響，也可能一部分是隨著一個人所偏好的休閒活動種類而定。迷戀玩牌的人或者常看電視的人，可能會比愛好游泳或健行、而犯有同樣狀況的，受到較少限制。

上面所要說的重點是，這些問項的每一個答案，都可能受到兩個因素所影響：我們所要測量的內容（健康狀況的嚴重性），以及受訪者的角色期望或生活型態。但是答案中不相干的成分，也不大可能在不同問項之間有所關聯。因此，只是因為一個人的工作需要體力，並不就代表他（她）偏好比較活躍的休閒活動，或者就比較喜歡在住家四周活動筋骨。把這些問項的答案組合起來，就可能建立一個指

標；這種指標所受到角色的影響，要比任何一個單一問項要來得小，因此也是個測量健康狀況嚴重程度更純粹的指標。

再舉另外一個例子，假設我們的目標是要測量心理焦慮。人們所通曉的的心理焦慮當中，最常見的形式就是沮喪（抑鬱症）和憂慮。但是人們用不同的字眼來簡稱或描述這些心理狀態。就沮喪來說，人們用「悲傷」、「憂鬱」，也可能用「潦倒、鬱鬱不樂」來描述。就憂慮而言，人們則可以用「很著急」、「擔心」、「緊張」、「繃得緊緊的」、「慌亂」等。對特定的任何一個人來說，只要經歷過一些經驗，這裡面有些用詞可以提供更好的方式，讓他（她）捕捉所經歷的心理焦慮。這樣子用幾個不同的問項來問、採用這些各式各樣的形容詞，研究者就可能創造出一個指標來掌握心理焦慮。不論所選擇的特殊用詞在詮釋上或經驗上帶來什麼特質，這種綜合指標都要比任何單一問項要來得好。

當不同項目給綜合起來創造出一個多項目的指標，這個指標是在測量這些項目所共同具備的特色，不論這個特色是什麼。用多項目的量表，並不就保證所創造出來的指標，能夠恰當地測量研究者所要測量的東西。要恰當地測量，必須透過其他方式來加以展現。但是用多項目來測量，是能夠確保這一點：不管這些項目所共同具備的內容是什麼，都能夠比用單一項目測量得更好（Cronbach, 1951）。

有關主觀狀態答案的相對性

　　有關主觀狀態問項的答案，一向都是相對的；這種答案不可能有絕對的意涵。基於這種問項的答案所肯定的那種陳述，是用來作比較用的。說 A 群的人比 B 群的人報導出更正向的感覺，是恰當的說法。說某個人口群比一年前報導了更正向的感覺，也是恰當的說法。但是說人民給總統一個肯定的評分、說人們滿意他（她）們的學校、或者說大致而言他（她）們認為自己的健康狀況良好，就不恰當了（至少也要加上一些審慎的警告才能這樣說）。

　　在第 2 章有關客觀事實問項的討論中，提到了有些標準可以用來辨別對和錯的答案。雖然有時候問項和定義很複雜，還是可以界定所謂「竊盜案的受害者」是什麼意思，而且所報導內容的正確程度，可以拿實際的記錄來加以對照檢查。如果事件可以界定得清楚、所下的定義可以用一致的方式來加以傳達、所設計的問項可以讓人有能力也願意回答，那麼所得到的答案就有絕對的意涵。

　　反之，當人們用一個評分量表來衡量自己對犯罪的恐懼、或者對一位政治候選人的感覺時，就沒有上述那種絕對的標準，可以用來說明一個「好」的答案指的是什麼。此外，有證據顯示，從調查得到的答案，會隨著問項本身的用詞和問法，而受到很大的影響。刺激問項的性質對答覆有重大的效應。答覆的意涵，只有在了解刺激是什麼，才能加以詮釋。

問項的用詞

如果主觀問項的答案要有絕對意涵的話，在認知上相當的問項答案也應該一樣。通常也的確是這樣。例如，研究顯示用「透過外科手術來終結懷孕」這種用詞來取代「墮胎」字眼，並不會改變人們在回答相關問項時的意見（Schuman & Presser, 1981）。顯然的，那些字眼對人們來說代表著同樣的意涵。但是 Rasinski（1989）指出，人們對於在「低收入」群體的身上增加預算經費支出，會比對於在符合「福利政策」受惠者身上增加支出，要來得更熱心、更支持。Schuman 和 Presser（1981）發現，幾乎有一半的人會支持「不允許」共產黨員公開演說，但是只有大約 20% 會「禁止」這件事。問項的「意涵」顯然可以超越對用詞在字面上的詮釋。

有無數的例子顯示，在遣詞用字上作一些看起來並沒有改變原意的小小更動，會如何產生很不一樣的結果。這一點理由，部分解釋了為什麼我們要教訪員完全按照問項上的用詞，一字不漏地念出來。在問主觀狀態的時候，我們常常會藉著問項的用詞來激勵受訪者找出一個答覆；就這個觀點而言，有些看起來一樣的問項，其實並不一樣。

答題選項的用詞

答題選項的用詞會改變答覆的分布狀況，這點事實也清楚證明了主觀狀態測量的相對性。

看一下圖 3.3。這個圖界定了一個評量的等第量表。在最上面一條線上，量表分成兩個類屬：「好」和「不好」。在第二條線上，量表分成三個類屬：好、尚可、差。在第三條線上，量表分成五個選項：極佳、很好、好、尚可、差。

圖 3.3　三個量表

有人可能會想說量表 2 只是把第一個量表的右邊那個類屬「不好」，分成兩部分。同理，也可能想說量表 3 是把量表 1 和量表 2 的「好」進一步分成三個新的部分。但是這些量表之間的區別並不只是這樣子，有些讀者可能已經知道原因。人們在衡量不同類屬的意義時，會把整個量表納入考慮。他（她）們不只考慮用詞的意涵，也注意到選項的次序位置。因此，在答覆量表 3 的時候，把自己的健康評為「好」或「好」以上的人，會比回覆量表 2 答「好」的人多得多。正因為如此，如果不去了解用來問人的特定問項是怎麼設計的，只說某個人口群裡有 70%的人把自己的健康狀況評為「好」或「好」以上，這種陳述就無法加以詮釋。

選項的次序

用什麼樣的次序把選項呈現給人作答,也會影響到人們如何答覆問項。尤其如果給予受訪者的一系列選項不是沿著次序量表排列,彼此間也沒有等級關係時,選項間的排序更為重要。以黨內初選前的調查為例。訪員向受訪者念出含幾個候選人的一份名單,然後問他(她)們目前最可能投票給那一位。不可否認的,這個特殊的調查作法有個重要的特徵:受訪者不可能對所有的初選候選人都了解得很徹底。雖然如此,已經有研究顯示在這種調查裡,那些名字最後念出來的候選人會得利,也比較容易有人圈選,而且圈選的比例超過其他人選。

更微妙的是,研究顯示基本評分量表的排序,從極佳到差,會影響到答案的分布。當選項是從差列到極佳,而不是極佳到差時,受訪者更可能會選擇量表的負面那一端(Dillman & Tarnai, 1991)。

資料蒐集的模式

研究發現人們在電話訪問、訪員面訪、或自填形式上,都用可以比較的方式來回答不同目的的問項(Fowler, 1993)。但是有些證據證實,呈現問項的方法,以及資料蒐集的模式,會影響到人們使用量表的方式。例如,Bishop、Hippler、Schwartz 和 Strack(1988)發現那些自填問項的受訪者,比那些向訪員作答的受訪者,更常選擇選項裡面的

改進調查問題:設計與評估

極端值。

上下文的效應

　　一個問項在調查問卷裡面的位置，也可以影響到作答的方式。無數研究已經顯示，前置問項的內容，會影響到受訪者詮釋和回答個別問項的方法（Groves, 1989; Schuman & Presser, 1981; T.W. Smith, 1991; Turner & Martin, 1984）。

如何處理「不知道」

　　關於調查回覆的相對性，還有最後一項重要議題：碰到受訪者對問項的主題不夠熟悉，或者自己對主題的感受不夠清楚，以致無法回答問項的時候，研究者要怎麼處理。研究者有三個不同的方法，用來處理「受訪者對主題不熟悉」這種可能。第一，他（她）們可以用個過濾的問項，明確地問受訪者對某個特定的主題熟不熟悉，熟悉的程度能不能作答。第二，研究者可以在提供給受訪者的選項裡面，加入「沒意見」這個選擇。第三，研究者可以選擇不要明確地談到「受訪者對主題熟不熟悉」這種議題；對於那些不覺得自己可以回答某個問項的受訪者，研究者可以迫使他（她）們自己透露出這項資訊。

　　研究者選擇那個方法來處理「不知道」的情況，所造成的結果會相當不一樣，這一點並不令人驚訝。在受訪者這一方面，總是會不太願意主動說自己對某個課題了解得

不夠，無法作答。因此，如果把「不知道」明確地列出來，選擇這個選項的受訪者，會比主動說自己不知道的多得多。此外，在某些個例上，有沒有明確地提供受訪者選擇的機會，讓他（她）們說自己對某個課題沒有意見，所獲得的答案也會有不同的分布（Schuman & Presser, 1981）。

小結

問項形式會影響到答案的分布，也會影響到答案的效度；對這兩種效應加以區辨清楚，是很重要的差事。例如，前面提到過：當我們要受訪者從「極佳」到「差」的五分類量表來評分的時候，如果先呈現量表中負的那一端，則受訪者也會比較可能選負的選項。這樣的話，評分的平均值會降低，但是拿這個問項當作測量指標來用，它的效度或價值可能不會改變。從這兩種問項形式所得到的等第值，可能跟其他一些本來就應該有關聯的測量指標，都同樣呈現良好的相關。這種相關又反過來可以證明兩種問項形式都同樣有效。

這一點還有另外一項意涵：在主觀狀態的測量上，「偏誤」這項概念其實是沒有什麼意義。只要將遣詞用字、回覆次序、或者有關資料蒐集的其他事情加以改變，問項答案的分布，就可能朝著正向或負向而起變化。但是偏誤的概念意涵著跟一些真正分數有系統性的偏離。在主觀狀態的測量上，並沒有真正的得分，所以答案的分布不管偏向那一邊，都不構成偏誤。此外，如果將這些等第測量，妥

善地用來比較不同群體之間的分布或其他參數,而這些群體的資料也是透過類似的方式蒐集得來,那麼測量偏誤這種概念在這裡的確不相關。

　　調查測量中一個最普遍的濫用情形,是有人把用測量主觀狀態所蒐集到的資料,當作好像是他(她)們製造了有絕對意義的資料;其實這種測量是設計用來產生等第測量的。當有人提出一些像「多數人贊成槍械管制」、「多數人反對墮胎」、或者「多數人支持總統」這樣的陳述時,都應該以存疑的眼光來看待。這些陳述背後所反應的事實,只是多數受訪者選擇特定問項中的若干選項,而研究者將這些答覆詮釋作贊成或者正面反應。對同樣的這群受訪者,也可以提供不同的刺激;這些刺激顯然是觸及到同樣的課題,但是卻會製造非常不一樣的分布,因此也會支持不同的說法。

結論

　　綜合本章所討論的內容,可以歸結出四道基本的訊息,幫助我們了解如何設計問項來測量主觀狀態。

1. 因為沒有標準可以用來評量答案的正確性,在測量主觀狀態的時候,問項刺激的標準化就特別關鍵。因此,要創造主觀狀態的良好測量指標,最重要的策略之一,在

於盡量設計能夠以一致方式施測的問項，而且問項對所有受訪者也要代表同樣的意義。

2. 將回覆作業予以標準化，同樣地重要。也就是說，要清楚地界定受訪者用來評等第的層面或連續量表，並且給他（她）們一個合理的方式，把自己或所要評量的任何事物，在這個連續量表上予以定位。

3. 從有關主觀狀態問項所得到的答案分布，是相對的；這種分布並沒有絕對的意義。因此，一個問項答案的平均值是不相關的，甚至更正確地說，是沒有意義的。正確的詮釋，應該是說有關主觀狀態問項的標準，在於這些問項能夠提供多有效的資訊，讓人了解受訪者彼此之間的相對位置。一般說來，用越多類屬來讓受訪者選用，越好。

4. 把幾個問項的答案組合起來，通常是增強測量效度的一個有效方法。

列舉出這些不同的原則後，我們會在下一章裡討論設計調查問卷時一些特定的策略，以提供主觀狀態和客觀事實的良好、有用的測量。

4

設計優良調查工具的一般原則

　　在前面兩章，我們已經稍微仔細的討論過了兩類問題，一則有關撰寫優良問卷的問題，一則有關解決常見問題的某些一般途徑。我們試圖在本章，就如何撰寫與設計優良的調查工具，列出一些一般性原則。

　　優良的調查工具必須習於說出特定的一組目標。要脫離特定的脈絡，而辨識出針對特定目的的最佳問題，老實說是不可能的。然而，我們可以看到一些一般性原則，會影響到調查問項中浮現的測量品質。

問些什麼

　　原則 1：調查研究的長處之一，是在於詢問人們的第一

手經驗：他們做過的事，目前的狀況，他們的感覺和知覺。

然而，令人訝異的，不少調查研究卻著力於提出人們並不確知答案的問項。

原則 1a：詢問只是來自二手的資訊，要謹慎。

對有關犯罪的研究，人們能夠報導他們何時與如何遭到侵害，他們什麼時候覺得安全、什麼時候感到害怕，以及採取何種方法減低害怕的感覺，或減低成為受害者的危險。人們可以描述通知警察的經驗，警察對其通知的反應，以及與警官互動的品質。相對而言，人們無法正確報導他們住家附近或社區中實際的犯罪率。他們可能對警員執行勤務的好壞有其意見，但是，除了就他們自己的經驗之外，他們不可能對警察的表現有多少特定的認識。

人們可能會對自己子女所就讀的學校，在熟悉情況下有所意見。他們對其他學校，對他們社區所有的學校，對全國各學校等的運作，則不可能在熟悉情況下給意見。對自己的健康，人們可以很可靠的回答自己的感覺，他們可以做的事，以及他們覺得自己如何受到生理條件的影響。他們或許能，或許不能可靠的報導他們的醫生如何稱呼他們的病情，他們的醫生做了些什麼步驟和診斷檢驗。對自己醫療狀況的名稱，或對自己花費多少醫療費用，人們本身幾乎不是最佳的資訊來源。

研究種族或族群對就業機會的影響，我們可以得到人們對職務的描述，他們對薪資或職責適合與否的感受，以及他們自認是否受到雇主不公平、不適當的對待。在比較不同族群的回答時，辨認族群與就業品質之間的關係，或許是重要的。但是，要求他們對不同的族群團體是否在雇用情況中受到公平對待，提出個人的意見和知覺時，我們是在要求人們對自己不熟悉的事務提供答案。

有些情況下，測量人們不太熟悉事務的意見仍然重要而且有價值。如此的意見或感受就構成了某種事實。假如人們認為犯罪增加，而且警察工作不力，這樣的感覺本身，即使以客觀標準來判斷並不正確，卻是重要的。然而，研究者還是不應該將意見與客觀結果相混淆。

我們可以看到好些例子顯示，從人們的二手感覺和直接報導獲得的推論之間有著重要差異。縱然美國國內的一般知覺是，學校教育多年來正走下坡，不過，大多數人對自己的學校，卻有著正面的報導。雖然對 1990 年代早期一直上升的犯罪與藥癮比率，是一般的共同看法，事實上，過去二十年來犯罪與藥癮比率的客觀測量，卻顯現逐漸而穩定的下降。雖然醫生們對從事醫療工作者的生活品質，都覺得降低中，但醫生們對自己生活品質的的平均評等，卻出奇的高。當研究一般性的問題，研究者常傾向詢問受訪者對問題和可能的解決方法有什麼看法。雖然這些回答可以提供我們訊息，但是特別當研究者確認出錯誤的知覺或扭曲時，不該忘了調查研究方法的主要長處。再重複一次，調查的長處在於：對某一群人口的機率樣本，蒐集一

手的知識與經驗。

原則 1b：對假設性的問項要謹慎。

對沒有遭遇過的情況，人們大都不擅於預測自己將怎麼做，以及會作如何感覺。研究者卻常希望就人們對新的東西（如新的電視節目、新的燈泡或新的保健計畫）將如何反應，去預測與推估。如此工作之難以進行，有著以下幾點理由。第一，大部分的行為是受制於情境。一個人是否會捐款給特定的慈善機構，有賴於如何提出這個要求，由什麼人提出，這些因素比該機構的特定訴求來得重要。有關未來行為的問項，並不能產生對該行為相當適切的議題。第二，新的方案或產品，包含許多成分，在訪問中難以完全表達。研究者會以主要的特質加以描述，但是卻難以保證已納入了受訪者所最關切的特質。

如果對未來的有關問項，在某種程度下，可以立基於過去的經驗與直接的知識，而得到的答案將較為正確。有生孩子經驗的婦女比起沒有的，更能預測自己未來使用人工麻醉生產的可能。人們對購買熟悉產品意向的預測，優於只是在問項中描述者；讓受訪者有機會「試用」該產品，將增進購買意向與購買行為之間的契合度。但是一般來說，要人們預測對未來或假設情境的反應，必須相當謹慎——尤其當受訪者對其據以回答的事物很可能只具備有限的經驗時。

改進調查問題：設計與評估

原則 1c：詢問因果關係要謹慎。

對社會科學家而言，建立因果模型是難事一樁。許多事件都有多重來源，我們為什麼做某些事情，很少能夠確實加以報導。調查研究經常希望辨認事情的理由，但是要求受訪者提供那些理由，很難產生可信或有用的資料。

例 4.1：您在日常行動上，是否因為背部問題而受到限制？

例 4.2：您沒有去投票的主要原因是什麼？

例 4.3：您是因為房價高而沒有自己的房子嗎？

有些人只有下半背部疼痛的問題，可能很容易就回答例 4.1，但有著幾種健康問題的人，就很難從他們多種健康問題中，只選擇背部疼痛的影響，針對例 4.1 來作答。例 4.2 彰顯了動機與因果關係的複雜性。受訪者可以回答是因為一些障礙因素（如難以請假不上班）或動機議題（如不喜歡其他的候選人），但卻有人在同樣的情況下仍出席投票。我們真的能夠從詢問人們知覺到的因果關係這種方式，而學到任何有趣的東西（特別是對他們所未曾做過的事情）嗎？這是很難的。

最後，例 4.3 正是不會產生有用資訊的問法的縮影。或許就算有不錯的家屋是免費的，還是有些人會沒有自己的房子。然而，任何對家有興趣的人，他們的資源，優先的考慮，他們的住宅標準，以及各種房屋特性的成本，是在

某種複雜方式的互動下，決定著會不會運用他們的某些資源以獲得住宅。這是事先就知道的，我們也難以設想說，受訪者的分析會增加些什麼新的東西。

　　一般而言，調查應該問受試者能夠可靠回答的東西：他們擁有的資源，他們最低的住宅要求，也許加上他們所認為適當住宅的最低成本。如此，研究者才能描述個人所處的情境，並且找出比受訪者自己的因果分析更確實而有價值的結論。

　　原則 1d：詢問受訪者有關複雜問題的解決方式要謹慎。

　　當決策者對如何解決問題的各種途徑感到困擾，則詢問受訪者的想法是相當誘人的。然而，若問題複雜（大多數困難的問題都是如此），通常必須有著相當的資訊，以求得到如何解決的有意義意見。調查通常不是提供受訪者相當多資訊的良好場合，並且答案的選擇必須精確（很典型的就意味著過度簡化）。有的時候，一項議題獲得足夠的大眾注意，許多受訪者確實對如何討論這問題有其足夠的資訊，不過如此情形頗為罕見。那些涉入某項議題的人，對其個人所喜好的問題，會高估大多數人知道該訊息的或關注的程度。調查研究者最能獲利的是，只詢問受訪者可以回答的問項，將解決問題的有效方法留給那些本身工作就在處理這些問題的人。

　　原則 2：一次只問一個問項。

改進調查問題：設計與評估

原則 2a：避免同時問兩個問項。

例 4.4：您願意富有而且有名嗎？

例 4.5：就您的身體狀況而言，您能夠沒有任何困難做跑步或游泳這類的運動嗎？

評論：以上範例都同時問兩個問項，對應的回答可能有所差異。受訪者可能要富裕，但不冀望有名；他們可能在跑步上有困難，對游泳則不致如此。如果一個問項實際包含著兩個問題，並且兩個問題都重要，那麼就分成兩個問項，一次問一個。

原則 2b：避免強加不合理假定的問項。

例 4.6：像現在的經濟情況，您認為投資在股票市場是好主意嗎？

評論：Sudman 和 Bradburn（1982）稱這是一桶半的問項（相對於二桶或雙重問項）。最後問的是單一問項，但是前引的子句，詢問受訪者並要求他們接受對經濟的分析。這子句顯然並未明確指陳經濟狀態，然而其含意卻是負面的。再者，這問題強加的經濟與投資間的關係，某些人是無法知曉的。

例 4.7：您同不同意以目前的犯罪數量而言，不在夜晚獨自行走，有其道理。

評論：這問項讓回答者假定說，目前有著大量犯罪，並且所假定的犯罪率會影響人們獨自在外行走的決定。如果受訪者不同意這個假定，這問法就難以回答了。有關人們獨自行走的問題，可以不在引用的假定下便直接詢問。

原則 2c：包含著隱藏情境條件的問項，要謹慎。

有些問項用以測量的主要弱點就在於：其答案所反映的是，所測量的只囿限於某一部分的人口。如此問項在分析價值上有所限制，原因在於它們對整體樣本而言，並無意義。

目標：測量在街上的害怕感。
例 4.8：在過去的一個月，您曾經從道路的一邊橫越過另一邊，以避免靠近您認為可怕的人？

評論：跨越馬路以避開看起來令人害怕的人，也許是人們心生恐懼的的指標 。然而，這樣特定問題就關係到兩種情境條件。第一，有賴於人們曾經外出在街上行走；假如一個人是相當恐懼的話，他也許就乾脆不外出走動了。更細微的考慮是，心有恐懼感的人在外行走時，也許就特別謹慎，他們的行為模式就設計以避免會遭遇到令他恐懼之人的情境。如果他們這樣的應對模式成功的話，他們將避開可能產生會迫使他們橫跨馬路的情境。假如樣本中的每個人都有著同樣程度在街上行走的經驗，那麼他們所報

導橫跨馬路的比率，可能是恐懼的指標，也可能是街上出現令人恐懼人物的程度。不過以上舉例的問題，並不提供我們機會以檢視人們在街上行走經驗的頻率。另外，就算能提供這樣的頻率，因為如此的行為有賴於機會的多寡，意味著，以這樣的問法要對全部樣本加以分類，並不是完美的測量。整體來看，直接評量有著恐懼感的人如何感受他們在路上行走的經驗，相較於測量所有樣本的恐懼感，幾乎可以認定是更好的方式。

目標：測量社會行動

例 4.9：過去一個月來，您常不常參加宗教儀式或參與和教會有關的活動？

評論：這個一問項用來測量社會活動有個明顯限制：這活動有賴於教會是人們積極參與的組織之一。對那些不參與教會或與教會無關者，其回答對作為社會活動的指標，毫無意義。與其他問項合在一起詢問，可能使這個問項成為社會活動指數的有用部分。不過，一個問項越能普遍適用，越是較好的社會活動指標。

目標：測量健康問題對體能活動的限制

例 4.10：在過去一個月，您的健康狀況曾經限制您運動（如慢跑、游泳或騎自行車）的能力嗎？

評論：對從事這些活動的人，這個問項可以提供資訊，

讓我們知道，到底健康狀況影響他們生活到什麼程度。可是，對一般都不從事這些活動的人，他們回答「不」，意味著完全不同的意涵。不是說他們的健康狀況不限制他們的活動；根本上是說，他們是因為平常不做這些活動，所以他們未受到限制。這問題所提供的訊息，只限於平常慢跑、游泳或騎自行車的一群人。

問題的遣詞用字

原則 3：調查問項的遣詞用字要適當，好讓每位受訪者都回答同樣的問項。

原則 3a：力有所及的話，我們所選用問項的遣詞用字，應該讓所有的受訪者都了解其意義，同時每位受訪者對其意義都有同樣的理解。

原則 3b：若是遣詞用字在意義上不是人們都可能共享的話，應當提供定義給所有的受訪者。

原則 3b 特別重要。有時候，我們可以看到，在調查中訪員會帶著定義並提供給要定義的受訪者。

不良範例 4.11：在過去十二個月，您曾經看醫生或與醫生談您的健康狀況嗎？（包含去看精神醫生、眼科醫生、或其他具醫學學位的專業人士）

很明顯的，這個程序違反了所有受訪者回答相同問項並受同樣刺激的原則，假如某些受訪者受到提示定義，其他則否，那麼他們是在回答不同的問項。

　　原則 3c：一個問項所涉及的時間長度應當是清清楚楚的。有關感情或行為的問項，必須指涉特定的時間。
　　例 4.12：在一天中，您多常感到疲倦——經常、偶而，很少或從不？
　　例 4.12a：您可以中途不停的跑一公里嗎？
　　例 4.12b：在您喝任何帶有酒精飲料的日子，通常您會喝多少？

　　評論：以上所有這些問項都假定得到的答案在過去都是穩定的，同時無法確定參考的時間點。實際上，我們很容易就設想，對短期情況所給的答案（昨天或上週）可能不同於一段較長時間（上個月、去年）的平均答案。急性疾病、放假季節，或者工作的困難時期，這些近期發生的因素都會影響答案。受訪者選擇以不同的參考時期回答（有人以過去一星期，有人選擇過去一年），他們就會單單因此而有不同的答案。對受訪者回答所關聯的時段加以確定，總是好的作法。

　　原則 3d：如果所包含的事務太複雜以致於不能容納在單一問項，那麼詢問數個問項。
　　原則 4：如果調查是由訪員詢問，問項的遣詞用字必須

構成完整而適切的文句，讓訪員依設計念出問項時，受訪者可以在充分準備下回答。

遣詞用字上的議題，以自填問卷由受訪者自行閱讀，相較於由訪員念出，多少是有其差異的。尤其當設計訪問問卷時，很重要的是能體會，互動狀況的運行可能會影響問卷由訪員所呈現的方式。在設計問題時就考慮實際狀況，頗為重要（參閱 Suchman & Jordan, 1990）。

原則 4a：如果給予定義，應當是在問項提出之前。
不良範例 4.13：在過去一週，您有多少天曾經運動？當您想到運動時，要記得，包含散步，在住宅四周工作或在職位上工作，只要您認為包含著運動的內容的都算。
良好範例 4.13b：以下的問題是有關您多常從事運動。我們希望您包括散步，在住宅四周的活動，在工作上的活動，只要您認為包含著運動的內容。根據以上的定義，在過去一週，您有多少天曾經運動過？

經驗顯示，受訪者一旦認為自己已經聽到一個問項，便可能打斷訪員念下去。當發生如此情形，訪員會像上述不良範例那樣，各憑良心來把定義念出來。將定義放在最前面，研究者更可能讓所有受訪者在回答問題之前聽到所需定義，並且也會讓訪員更容易如所設計的更確實地念出問項。

原則 4b：問項應當隨著問項本身而中止，如果有著回應的選項，應當置於問項的最後。

不良範例 4.14a：您會說您很可能、相當可能或不可能在未來的一年搬離這住宅？

不良範例 4.14b：如果選舉就在明天舉行，您認為您更可能投票給柯林頓州長或布希總統，請考慮您現在對各議題的看法作出您的選擇？

評論：就以上的兩個範例，受訪者要好好地就所念出的問項回答，很不可能。以第一個範例而言，過去的經驗顯示，受訪者在注意問項的情況下，會忘記該如何作答。同樣的，若在問題結束之處有著附加的子句，受訪者很可能發現，他們不再能記得該問項所設定的條件。

良好範例 4.14a：在未來一年，您可能搬家嗎？很可能，相當可能或者很不可能？

此一問項將可能的答項放在最後，受訪者可以聆聽問項，知道回答的任務就將到來，並且隨後聽到該如何回答的選項。

有關上述這些問題，最後值得注意的一點是：如果不清楚是否會接著就念出答項，受訪者往往在選擇的答項念出之前便打斷訪員。就以上範例，在選擇的答項出現前，完整的句子已經念出。

在選擇的答項念出之前，應避免受訪者打斷訪員的詢

問，理由在於，訪員會落入難以處理的立場，他們處理的方式將不一致。假如一位受訪者對上述問項突然冒出一句如：「我們明年幾乎不可能搬家。」根據標準化測量的規則，訪員應當重讀整個問項，包括所有的選項。不過研究卻顯示，有些訪員會設法猜測，如果標準化的問項提出之後，受訪者會選擇的是什麼。對研究者的利益而言，應設法提供腳本，竭盡可能的讓訪員將問項確確實實一模一樣的提供給每一位受訪者。

可能的較佳範例 4.14b：以下的各個類別，您認為哪一項最能適當描述您認為您明年可能搬家的機會：很可能，相當可能，還是不可能？

評論：有著以下的概念，即選項的類別會隨後出現在句子中，會減低受訪者在整句念完之前便打斷訪員的可能。

另外的不良範例 4.15a：請問您認為以下的每一項是大問題、小問題，或根本不是問題。
a. 骨頭或關節痛
b. 呼吸困難
c. 其他的健康問題

評論：上述的例子包含好幾個問題。第一，問題本身並未設計成提供給訪員的完整問法。實際上，並不是個問句。我們可以很確定，如果訪員念出上述詞語，受訪者還

是不能預備好要如何回答該問項。

良好的範例 4.15b：您認為（念出每一個答項）是多嚴重的問題——大問題，小問題，或不是問題。

如上的形式，我們可以看到，對每一位訪員都有著完整的問句。逐一填進以上列出的各項健康問題，訪員便可以如所設計的念出問項，並且使受訪者準備好回答每一個問項。

另外一項常見的錯誤是，問題中包含了「其他健康問題」。如此的類別在類似的問法中經常出現，但事實上並不構成一合乎實際的問項，為著能盡量改善這個問項，訪員會被迫而營造兩個不同的問項：

1. 有其他的健康情況或問題會影響您嗎？
2. 您認為（對問題 1 所提出的答案）會是大問題、小問題，或不是問題？

就算採取如上的方式，也沒有多大的意義。甚且，作為測量，在只有少數人會添加「其他問題」，並且「其他問題」之間少有重疊的已知事實之下，其結果的分析價值，極其細微。對如此的系列問題，不問「其他問題」，可能對研究者最有利。

原則 5：清楚的傳遞給受訪者的確是所問問項的適切答

項。

要傳遞給受訪者什麼樣的答項，最容易的方式就是提供一組可接受的答案。事實上，如此的「封閉式問項」就構成了調查研究工作的主要部分。

然而，有時最好是讓受訪者能以他們自己的方式回答。在某些例子，可提供的其他回應方式比想像中的多，或者研究者也無法預期可能答案的範疇。這時候，最好是由受訪者以他們自己的用語回答。（參見附錄 C）不過如此並不意味著可以模糊回答的條件。

例 4.16：您什麼時候搬來這社區？
可能的答案：
a. 當我 16 歲時。
b. 就在我結婚之後。
c. 在 1953 年。

以上任何回答都是對所問問題適當的答案。不過它們沒辦法比較與分析。如果有些人以幾歲回答，而其他人提供的是何年，就沒辦法整合這些資料在單一的分析中。

問題出在問句並未明確指出研究者所要答案的條件。

可能的其他問項：
您搬到這社區是在那一年？
當您搬到這社區時是什麼年紀？

以上兩個問項所傳遞給全體受訪者該回應的答案，都是可以接受的，並且研究者易於分析最後得到的答案。

　　在受訪者無法區辨的事件上，我們或許會急於讓訪員能對受訪者解釋所要得到的是什麼。這顯然就違反了以下的原則，即訪員所接受的應該是適當的問句，並應以同樣的問項詢問全部的受訪者。

　　另外的不良範例 4.17a：最近一次您去看醫生，是為什麼？
　　可能的答案：
　　a.　因為我覺得不舒服。
　　b.　因為我先生一直嘮叨，而我覺得是該去看醫生了。
　　c.　因為醫生安排我去複診。
　　d.　去打一針 。

　　問句中又沒有確定所要的答案種類。我們要的是導致人們去看醫生的病況或問題？是決定去看醫生的推力（覺得不舒服，配偶的嘮叨）？還是病人所設想或希望得到的治療方式（體檢、打針、照 X 光）？

　　最後三個答案告訴我們病人將受到治療的病況為何。如果我們所感興趣的是病況，則應該問：

　　例 4.17b：您是因為那種健康狀況或問題而去看醫生？

　　我們可能推論說，以上的兩種回答（覺得不舒服和打

針）是針對一種病況的診斷或治療，而不是針對一般的檢驗。另外的兩個答案，就問項的要求點而言，則是模糊不清的。改進這問項的方式之一，是從單一的觀點提供一組可能的答案。

良好範例 4.17c：最近一次您去看醫生，主要的原因是，已經有著一段時間的毛病，去檢查最近您才注意到的一些狀況，或只是一般的檢查，沒有特別的問題或狀況？

例 4.18：您最常從那裡得到跟健康方面有關的訊息？

可能的答案：

a.　從閱讀。
b.　從報紙。
c.　從安・蘭德思。
d.　從媒體。

所有這些答案多少都提供了某些訊息，這些訊息卻是消極性的，不是從「我的醫生」或從「我的朋友」。不過以上的答案極其分歧。問題的本身未給我們線索，諸如受訪者回答到底是多特定的。當受訪者回答以「閱讀」，所關聯的是受試者閱讀報紙、雜誌或醫學學刊？當受訪者回答說「從媒體」，所關聯的是從電視、從報紙或從廣播？事實上，對所有給了上述答案的受訪者，正確的答案是「安・蘭德思」。如果「安・蘭德思」是有關保健的主要訊息來源，那麼以上四個答案任何之一都是似乎合理的正確答案。

問項的本身並未提示受訪者，多仔細程度的訊息是所需要的。此外，在問項中沒有任何用語能讓訪員促使受訪者達到恰當程度的明確性。一些好的且非指令式的追問，如「告訴我更多一些有關這事的情形」，有助於使一般性的回答更為明確。然而，研究者可以更清楚而一致的傳遞給訪員與受訪者所需要的是何種答案，能達到的程度越高，研究者可以獲取更能比較不同受訪者的資料，會使訪問較為一致，並且將提供更好的測量與資料。

　　原則 5a：對可能有著多於一個答案的問項，應明確指陳其答項的數目。

　　例 4.19：您購買某一品牌而不是其他品牌的原因是什麼？

　　評論：受訪者所提及的特色會有不同數目，同時訪員對要追問多少複選答案，也有差異。如此變異性的來源，可以藉下面的問法而消除：

　　例 4.19a：您購買某一品牌而非其他品牌最重要的特色是什麼。

　　評論：此一問法消除了回答數目的變異程度。

　　例 4.20：在過去三十天裡，您曾經做過以下那些運動？
a.　游泳。

b. 慢跑或跑步。

c. 騎自行車。

d. 溜冰。

e. 以某些室內器材而運動，包括健身搖槳、健身跑步器或健身腳踏車。

評論：像「勾選所有適用的答案」這樣的指示，並不能在自填問卷中都一樣有效。某些受訪者會勾選一項之後，便繼續下去。如果有個訪員在場，並且受訪者看著活動的名單，以上的問題形式或許恰當。不過對自填問卷或電話訪問，一系列對個別活動的是否問項，是較佳的問項形式。將未回答解釋爲「否」的答案，總是冒險而應該避免。

設計調查工具

原則 6：設計調查工具，以求閱讀問項，遵循指示，以及記錄答案等，對訪員和受訪者都盡可能容易。

問卷調查中，訪員的工作本質上便是困難的。主要的任務在聆聽答案，想清楚是否得到適切答案，並且在未得到適切答案時決定應該如何追問。當設計問卷工具，研究者應該試著去設想如何讀問項，讀那些問項，如何盡量簡單的記錄答案，以使訪員能用心注意其工作的真正內容。

為著各不同的理由，重要的是，自填問卷要簡單。大部分的考慮在於，受訪者的動機不大，並且，我們必須假定受訪者閱讀能力不強。就這兩項理由，調查工具必須盡可能讓人易於填寫整份問卷。

　　對於面訪工具，以上列舉的一些原則當有助益。提供訪員好的問項（這問項提供所需的定義），並且將問項設計成能傳遞所需的答案，如此可以增進受訪者回答的能力，同時減低訪員必須花費的工作量。再者，像適當設計問卷這樣的簡單運作，便可以導致訪員順利執行他們的工作。

　　圖 4.1 至 4.3 提供三套問卷的例子。各問卷的題目都一樣，但是在安排上卻略有差異。

　　至少有四種習慣做法對每一份訪問問卷都是基本的，而研究者在設計訪問問卷時都需要多少注意這些作法：

1. 當問項的用詞遣字面臨某種選擇時，如訪員必須決定確實讀出的字詞時，必須有著遵循的習慣作法。例如，當詢問一對（夫婦）時，我們可以採用將字詞以括號括起來的習慣作法，藉以讓訪員在（丈夫／妻子）間，選擇要使用的確實用詞。所有的三個範例中，都是將可選擇的用詞置於括號中。每個範例呈現可選擇用詞上，都有稍微獨特但卻內部一致的的方式。所有的這些習慣用法都提醒訪員，要做選擇了，同時維持了研究者撰寫的原則，以使訪員都能確實讀出每個字詞。

2. 在給予訪員的指示，以及訪員必須視為問句一部分而逐字念出的用詞之間，必須清楚區分。有時給予訪員的指

引是以英文大寫字母書寫，而訪員必須讀給受訪者的字詞，則使用小寫字體。一項不同的習慣作法則是（圖4.2），將指示覆加不同顏色。關鍵在維持一致的習慣用法，以使訪員在訪問中，不費時費力便可決定，該讀出什麼給受訪者，以及什麼是給他們的指示。

3. 應當有著一致的習慣作法，以有助於訪員處理問卷中跳答的情形。所附範例中，其中兩個只簡單以書寫跳答的指引指向特定的答項。另一範例則用方格和箭頭，一眼就能清楚看到下一步到那裡。

4. 用以記錄回答的習慣作法，應當一致，研究機構要求訪員記錄回答的方式並不相同。有些要求訪員圈上號碼（第三式），有些要在方格註記（第一式），有些要求在所選擇的答案上打 x。比特定方式更重要的是，在訪問中調查工具要一致，讓訪員始終運用同一方式，而不必費心去想。

圖 4.4 和 4.5 則呈現了自填問卷的兩個範例。

1. 讓受訪者明白看到何者要答，何者跳答。大多數的自填問卷設計者試圖盡量減少跳答，但是在必須的情況下，要盡量使受訪者能明白看出，而不依賴閱讀指引。兩個範例都提供幾種一眼就看清楚跳答的方式。

2. 讓如何回答問題盡可能清楚。設法讓問卷從頭到尾都能在回答方式上維持一致，這樣對訪問會有幫助。自填問卷大部分的設計者都試圖減低或避免需要文字敘述答案

改進調查問題：設計與評估

的問題。

圖 4.1 面訪訪問，第一式

A1. 在（參考日期），您從事有薪資的工作嗎？
　　　1〔 〕是（跳答 A2）
　　　2〔 〕否
　　A1a. 在（參考日期）之前，您曾經從事過有薪資的工作嗎？
　　　1〔 〕是
　　　2〔 〕否（跳答 A6）
A2. （在參考日期／或在參考日期之前您的最後一份工作）您從
　　事的工作是屬於那一種行業？

_____

A3. 那時您是自雇或為他人工作？
　　　1.〔 〕自雇
　　　2.〔 〕為他人工作
A4. 那時您做的是什麼樣的工作？

_____

A5. 下面的問題要問您目前的工作狀況。您目前從事有薪資的工
　　作，因病或殘障而離開工作，還是目前沒有就業？
　　　1〔 〕目前從事有薪資的工作（續答 A6）
　　　2〔 〕因病或殘障而離開工作（跳答 A9）
　　　3〔 〕未就業（訪員註記）
訪員註記：
　　1〔 〕如果 A1a 的答案是「否」並且受訪者目前未就業（跳答
　　A20）
　　2〔 〕如果 A1a 的答案不是「否」並且受訪者目前未就業（跳
　　答 15）

圖 4.2　面訪訪問，第二式

A1. 在（參考日期），您從事有薪資的工作嗎？
　　　　是（續答 A2）　　　　　　　　　否
　　A1a. 在（參考日期）之前，您曾經從事過有薪資的工作嗎？
　　　　是　　　　　　　　　　　否（續答 A6，第 2 頁）
A2. （在參考日期／或在參考日期之前您的最後一份工作）您從
　　事的工作是屬於那一種行業？

_____

A3. 那時您是自雇或為他人工作？
　　　　自雇　　　　　　　　　　　為他人工作
A4. 那時您做的是什麼樣的工作？

_____

A5. 下面的問題要問您目前的工作狀況。您目前從事有薪資的工作，
　　因生病或殘障而離開工作，還是目前沒有就業？
　　　　　　目前從事薪資工作→續答 A6，第 2 頁
　　　　　　因病或殘障離開工作→續答 A9，第 4 頁
　　　　　　未就業→請訪員在註記問題註記
　　5a. 訪員註記：
　　1〔　〕如果 A1a 的答案是「否」並且受訪者目前未就業

　　　　　　　　續答 A20，第 5 頁
　　2〔　〕如果 A1a 的答案不是「否」並且受訪者目前未就業

　　　　　　　　續答 A15，第 5 頁

圖 4.3　面訪訪問，第三式

A1. 在（參考日期），您從事有薪資的工作嗎？

　　　　　　　　　　是……（跳答 A2）…………1
　　　　　　　　　　否……（續問　A1a）………2

　A1a. 在（參考日期）之前，您曾經從事過有薪資的工作嗎？

　　　　　　　　　　是…………………………………1
　　　　　　　　　　否（續答 A6，第 2 頁）……2

A2. （在參考日期 / 或在參考日期之前您的最後一份工作）您從事的工作是屬於那一種行業？

_____

（行業）

A3. 那時您是自雇或為他人工作？

　　　　　　　　　　自雇……………………………1
　　　　　　　　　　為他人工作…………………2

A4. 那時您做的是什麼樣的工作？

_____

（工作類型）

A5. 下面的問題要問您目前的工作狀況。您目前從事有薪資的工作，因生病或殘障而離開工作，還是目前沒有就業？

　　　　　目前從事薪資工作…………（續答 A6，第 2 頁）……1
　　　　　因病或殘障而離開工作……（續答 A9，第 4 頁）……2
　　　　　未就業…………………………………………………3

　　1 如果 A1a 的答案是「否」並且受訪者目前未就業
　　　　續答 A20，第 5 頁
　　2 如果 A1a 的答案不是「否」並且受訪者目前未就業
　　　　續答 A15，第 5 頁

圖 4.4 自填問卷，第一式

1. 自從您前一次填寫一份問卷之後，您曾否：
    A.   吃任何經過醫生處方的藥物以減輕攝護腺的症狀？

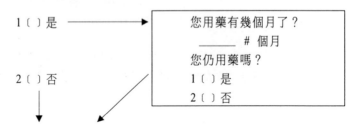

    1〔 〕是 ─────────▶
    2〔 〕否

    您用藥有幾個月了？
    ＿＿＿ # 個月
    您仍用藥嗎？
    1〔 〕是
    2〔 〕否

    B.   曾經對攝護腺進行過汽球擴張術嗎（ballon dilation）嗎？
    1〔 〕是（幾次）＿＿＿＿ #
    2〔 〕否

2. 由於攝護腺的狀況您對您健康狀況有多擔心？
    1〔 〕很擔心
    2〔 〕有些擔心
    3〔 〕只擔心一點點
    4〔 〕毫不擔心
    2a. 當您擔心您的健康狀況，您擔心的是什麼？

跳答 Q3，下一頁

改進調查問題：設計與評估

圖 4.5　自填問卷，第二式

1.　自從您前一次填寫一份問卷之後，您曾否：
　　A.　吃任何經過醫生處方的藥物以減輕攝護腺的症狀？
　　　是 ─────▶ 跳答 Aa　　　　　否─────▶ 跳答 B

```
Aa. 您用藥有幾個月了？ ＿＿＿＿月
Ab. 您仍用藥嗎？
    是                          否
```

　　每人都回答：
　　B.　曾經對攝護腺進行過汽球擴張術嗎（ballon dilation）嗎？
　　　是 ─────▶ 跳答 Bb　　　否 ─────▶ 跳答 2，在本頁
　　Bb. 多少次 ＿＿＿＿#
　　每人都回答：
2.　由於攝護腺的狀況您對您健康狀況有多擔心？
　　很擔心　　　有些擔心　　只擔心一點點　　毫不擔心───▶跳答 3
　　　　　　　　　　　　　　　　　　　　　　　　　　　（下一頁）
　　2a. 當您擔心您的健康狀況，您擔心的是什麼？

　　　　　　　　　　　　　　　　　　　　　　　　　　　　　　

　　　　　　　　　　　　　　　　　　　　　　　　　　　　　　

　　　可能最重要的一點，不是對以上問題有任何特定的解
決，而是任何使調查易於執行的議題，都要優先考慮設計
調查的工具。那似乎是不言而喻的，但通常也容易看到調
查工具中其他的事務，諸如節省用紙，或將眾多問題擠在
一頁以使問卷顯得簡短，反而被優先考慮。優先性應放在
使問卷易於閱讀，同時也易於為訪員和受訪者使用。

訓練受訪者

任何使用標準調查過程之時,還是必須給予受訪者某些導引和訓練。假如問與答的過程目的在測量智力、能力或知識,還是會給參與測試者以訓練和導引:什麼是優先事務(盡可能正確回答更多的問項)?什麼是進行訪問的規則(人們可以忍受多長的時間;如果發生的話,可以減少錯誤的回答到什麼程度);在測驗中的各節或各部分的目的是什麼?

原則 7:測量最好讓人們以一致的方式在設定的任務方向下,回答各問項。很不樂見的是,測驗分數所反映出來的是人們對如何進行測驗有不同程度的了解(而不在於測量知識的差異)。在調查中,我們試圖做到的是,把那些可以歸諸受訪者受到導引方式所造成的回答差異,減到最低程度。

受訪者在三方面應接受訓練:

1. 任務的優先考慮之處與目標。
2. 資料蒐集過程與如何扮演受訪者的角色。
3. 調查中任何特定部分的目的或目標。

在這些方面嘗試確保受訪者得到一致的訓練,是有利

於研究者的。在 Fowler 和 Mangione（1990）的著作中，對如何導引受訪者完成其任務的理由與重要性，有著更仔細的說明。

當調查以郵寄問卷進行，研究者必須仰賴文字指引。我們知道受訪者在閱讀詳細的指引上，意願不盡相同。像圖 4.6 那樣的說明指引，可能是合理而有效的方法，可以使如此的資訊以一致的方式傳遞給受訪者。不過郵寄調查的代價之一，就是比較無法給予受訪者有效的訓練。

當運用訪員時，有效的受訪者訓練則告增強。不過有些訪員，當要求人們成為受訪對象時，不太願意扮演引導的角色。

訪員必須對「取得合作」這個議題以及「受訪者在訪問中的表現」這個議題之間，有所區分。研究者可以藉著提供標準化的引導以協助訪員。

以下是 Cannell、Groves、Magilavy、Mathiowetz 和 Miller（1987）曾經運用的方法，強調提供正確而完整答案的優先性。

　　本研究是由公共衛生服務法所授權的，對公共衛生服務部而言，對每一個問項，甚至那些對您似乎是不重要者，都得到正確而詳細的答案，頗為重要。這可能要多花些力氣，您願意仔細思考每一個問項，以求給予正確答案嗎？

如果受訪者同意了，再接著閱讀以下的說明：

以我們的立場，我們會盡力為您提供的資訊保密。當然這訪問是個人自願的，假如有任何問題您不願意回答的話，請別客氣，隨時告訴我，我們會跳到下一個問題。

　　我們當然曉得受訪者並不知道標準化的訪問是如何進行的。於是，訪員發現，在開始標準化的訪問之前，閱讀以下的一段說詞，極為有用（Fowler & Mangione, 1990）：

　　　因為許多人都沒有參與過像這樣的訪問，讓我念一段東西，告訴您我們的訪問是如何進行的。我會照著問卷上的句子，念一組問項給您聽，這樣子，調查中的每位受訪者都回答同樣的問項。在有些情況中，會請您以自己的話來回答，對這樣的問項，我會照您所說的記下您的答案。在其他的情況，我們會給您一些答案，請您選出最符合您情形的答案。如果訪問進行中您有不清楚的地方，請一定要告訴我。

　　這樣的指引在兩方面增進測量的品質。第一，它告訴受訪者如何看待將進行的訪問。如此讓他們更可能在所提供的答案中選擇，或在有必要提供自己的答案時從容回答，以使訪員能完全記錄下來。第二，一旦訪員告訴受訪者接著會如何進行訪問，將使受訪者更容易做出他們所應該有的反應，並且更難做出與他們被訓練的方式不一致的反應。

圖 4.6　說明表的範例

醫療後果研究：説明表

誰進行這研究？　本研究是由 Dartmouth 醫學院與麻州大學調查研究中心所共同執行。

誰支持此一研究？　保健政策與研究處所支持，該處是美國聯邦公共衛生部所屬機構。

本研究的目的為何？　本研究的目的，是訪問相當多像您一樣的男性樣本，以明瞭攝護腺放射線治療的效果，這有助於醫生與病人對放射線治療的預期後果得到較佳的資訊。

詢問的是什麼樣的問題？　提出的問題是有關您的一般健康情形，放射線治療對您的影響，以及您目前的感覺。

怎麼會取得您的姓名？　我們是從主管健保計畫的保健財務處的記錄中，抽到您的姓名與住址。該處參與一些重要的研究，用以協助評鑑在我國不同地方醫療效果的研究。

我一定必須接受訪問嗎？　參加本研究是自願的。特別要說明的是，參加本研究不會妨礙您的醫療福利。不過如果您不能接受訪問，我們會得不到您的經驗並且降低了研究的正確性。如果有任何問題您不願意回答，您可以跳開這些問題。

會花費多少時間？　時間長短，多少要看您回答的情形，有些人比起其他人會多說一些。不過完成問卷的平均時間是 20 分鐘。

我的回答會保密嗎？　當然。您回答的內容絕不會以任何方式讓人可以辨認出來是您的回答，您的回答將與其他受訪者的回答共同運用，完成統計報告。在問卷與信封上的編號，只是用來讓我們知道您是否交回問卷。

蒐集的資料將來會如何報導？　研究結果將在科學刊物中發表，並且將提供病患資訊材料檔上加進重要的資料，這檔案將用來協助罹患攝護腺癌的病患決定他們所願意接受治療的方式。

最後，研究者經常忽略掉要用心提供受訪者對一系列問項的目的作概略說明。

範例：下列一組問題是用來試圖獲知您在過去十二個月接受各種醫療的情況。我們會問到有關醫生、去醫院、檢驗，以及醫生可能進行的診斷和處理健康狀況的事情。

帶著這麼多的指引，可能訪員與受訪者都會覺得繁瑣。那些填寫自填問卷的受訪者，尤其不可能願意閱讀每一節之前的說明。另一方面，如此的指引，能夠讓受訪者對一系列問項的目的和理由有所感覺，否則這些問項似乎就是零散而重複的。我們需要更多研究，以知道如何好好地處理這些事情。不過幾乎可以確定的是，每組問題之前的指引與解說，會增進問與答以及測量的過程。

結論

本章所列舉的原則，大都呈現在問項特徵與調查誤差之間關聯的研究中。以上所討論的問題，許多都可以從資訊充分的觀察中辨識出來。因此，評估調查工具的途徑之一，是以批判的角度來檢視一組問項的初稿，以辨別那些與本章所列原則（摘要表列於圖 4.7）牴觸的問項。有些問

題，如是否明確指出參考日期，或者問項是否包含應該念給受訪者的附加子句，都能清清楚楚的以如此的方式確認出來。不過大多數列出的原則，都關係到問項對受訪者與訪員如何起作用。要評鑑如此的課題，研究小組成員的意見並不能取代經驗測試。在調查之前評估所預擬的問題，便是第 5 章的課題。

圖 4.7 良好問卷設計原則摘要表

原則1. 調查研究的長處之一，在於詢問人們的第一手經驗：他們做過的事，目前的狀況，他們的感覺和知覺。

原則 1a：詢問只是來自二手的資訊，要謹慎。

原則 1b：對假設性的問項要謹慎。

原則 1c：詢問因果關係要謹慎。

原則 1d：詢問受訪者有關複雜問題的解決方式要謹慎。

原則2. 一次只問一個問項。

原則 2a：避免同時問兩個問項。

原則 2b：避免強加不合理假定的問項。

原則 2c：包含著隱藏情境條件的問項，要謹慎。

原則3. 調查問項遣詞用字要適當，好讓每位受訪者都回答同樣的問項。

原則 3a：力有所及的話，我們所選用的問項的遣詞用字，應該讓所有的受訪者都了解其意義，同時每位受訪者對其意義都有同樣的理解。

原則 3b：若是遣詞用字在意義上不是人們都可能共享的話，應當提供定義給所有的受訪者。

原則 3c：一個問項所涉及的時間長度應當是清清楚楚的。

原則 3d：如果所包含的事務太複雜以致於不能容納在單一問項，那麼詢問數個問項。

原則4. 如果調查是由訪員詢問，問題的遣詞用字必須構成完整而適切的文句，讓訪員依設計念出問項時，受訪者可以在充分準備下回答。

原則 4a：如果給予定義，應當是在問項提出之前。

原則 4b：問題應當隨著問項本身而中止，如果有著回應的選項，應當置於問項的最後。

原則5. 清楚的傳遞給受訪者的確是所問問項的適切答案。

原則 5a：對可能有著多於一個答案的問項，應明確指陳其答項的數目。

原則6. 設計調查工具，以求閱讀問題，遵循指示，以及記錄答案等，對訪員和受訪者都盡可能容易。

原則7. 測量最好讓人們以一致的方式在設定的任務方向下，回答各問項。

改進調查問題：設計與評估

5

問項的預試評估

在前面的章節裡，我們已經說明良好的調查問卷必須符合三個明確的標準：

1. 問項的意義和答案必須符合問題之目的，而且要使所有受訪者對於問項的理解能夠一致。
2. 受訪者必須能夠而且樂意去做回答問題的工作。
3. 調查問項必須建構互動的規則，詢問和回答問題的過程對於受訪者和訪員來講，都要力求標準化。

近幾年來，從認知和互動的觀點來評估調查問項，有增多的趨勢。其基本理念是在正式實施調查之前，應該先檢測問項，藉以觀察：人們是否能了解所問的問題，他們能不能做到回答問題所需要做的工作，訪員是否能夠逐字逐句地依照問卷念題目。在本章裡，我們將討論研究者在

實施正式調查前，可以用那些不同的方法，去找出到底他們的問項是否符合這些標準。雖然以某種形式出現的田野預試，已經是執行調查的例行公事，但是若能將本章所討論的全部規則善加利用，則將會使大多數的調查機構在評估問項上有長足的進步。我們希望讓讀者了解到作這樣的評估努力，將是一個明智的投資。

本章的焦點是三個主要的問卷評估作法：

1. 焦點團體的討論。
2. 深入的個人訪談（不是複製想要做的調查過程）。
3. 田野預試（將想要施行的調查複製實施到某種合理的程度）。

焦點團體的討論

焦點團體成為社會科學的研究方法由來已久。常見的例子包括：

1. 商業或政治廣告的研發人員通常會對他們的產品做預試。常見的處理方式為：邀請人們來觀看這些廣告後，接著請觀看者對於喜歡或不喜歡這廣告，作有系統的討論。

2. 新產品和新想法的研發者，在一個小型團體中展示他們的產品或提出想法，然後研發人員再討論什麼是人們所喜歡的和什麼是人們所不喜歡的事物。
3. 政治選舉中的操盤者會利用小型團體，來了解那些是人們所關心的主題，以及人們如何思考主要的政治議題。

　　一方面，焦點團體看來像個簡單的想法，很難讓人對它認真看待。另一方面，對研究者而言，無論其在某一特定領域有多麼豐富的研究經驗，他（她）們都很難不同意這個觀點：「在一個研究開始的時候，先作些焦點團體討論是有價值的。」與團體中的人作有系統的對話，並不能經常做到。每個研究者的看法在某種程度上皆有其侷限。多聽聽人們的聲音會讓研究者對於其所欲研究事物的實際情況，和人們怎樣去看待這些事物，有更寬闊的視野。

　　在調查研究上，焦點團體常被用來確定研究議題和研究問題。然而，焦點團體在問項的評估過程裡也扮演一定的角色。利用焦點團體來評估調查問項的前提是：研究者對於想要使用的調查工具應該有什麼輪廓，先具有一些清楚的想法。

　　焦點團體的討論在兩方面有助於改進調查問卷的設計：

1. 有助於檢驗人們受訪情境的相關假設。
2. 能評估在調查問卷中有關遣字用詞，以及有關人們對語詞或概念理解方式的假設。

舉例：研究者想從事一項關於人們參與藝術活動與表演的研究。調查中主要的一個部分是去問人多久會參與某些特定種類的表演。有好幾場的焦點團體討論，目的是找出人們會報導出那些不同種類的藝術活動，以及檢測某些問項的措辭。

至於怎樣才算是參加藝術活動，就會產生如何計算偶發性的藝術活動這種問題。假如有個人去吃晚餐，而且在他吃飯的那家餐廳有爵士鋼琴手駐唱，那麼這是否能算得上參加一次爵士表演活動呢？在博覽會或遊樂園聽到音樂算不算也是參與藝術活動呢？當然，人們都認為買門票而且坐下來欣賞一場音樂表演，算得上參加藝術活動，但是儘管藝術和音樂在社會上很多地方以不同的形式出現，人們仍然不知道如何去處理巧遇表演和展示會的狀況。

透過焦點團體（focus groups），研究者可以察覺到在分類音樂性的事件上會有一些困難。當被問及欣賞或參與古典音樂會的次數時，有些受訪者認為歌劇也應包含在內。其他受訪者則對他們參與或觀賞表演時，節目安排有些是古典樂，而有些是非古典樂的混合式音樂，要如何分類，而感到困惑。

有時甚至像「看電視節目」這樣的字眼也可以弄得複雜。觀看意圖是關切的所在。假如有其他人打開電視看某節目，而受訪者只是碰巧看到該節目，那麼這算看一次電視節目嗎？還是必須看完整個節目才能算一次？

焦點團體的討論能取得像上述範例中兩種不同的寶貴

資訊。首先，焦點團體的討論能教導研究者有關現實生活中的複雜性，而研究者的工作正是要求受訪者描述這複雜的現實世界。在參與藝術活動的例子裡，我們很明顯地看出來，參加藝術活動有很多種不同的方式，而原來在設計調查工具時，許多方式並沒有考慮進去。當研究者能夠了解到人們的經驗，有些在定義上較爲模稜兩可時，研究者應該重新設計問卷，以便幫助受訪者的回答能夠具備一致性。

研究者也了解到，在問受訪者問題時，有的措辭意義不明確。像「看一個節目」，「參加古典樂的表演」或「去看藝術展覽」這類用語，受訪者的詮釋可能是不一致的。當人們討論像這類的用語時，他們對於什麼樣的活動該被算入或什麼活動不該被包含進來，會有不同解釋。

實施的程序

有許多書籍專門討論如何使焦點團體變得有成效。（Krueger, 1988; Morgan, 1988; Stewart & Shamdasani, 1990）。這些書所列舉的團體討論原則大致相同，例如使人們感覺輕鬆；促進彼此溝通；讓所有人有說話的機會；在「讓人們充分表達自己看法」和「對談中要有焦點」兩者之間，要有合理的平衡點。在焦點團體中若能有位具備良好面談技巧的優秀領導者，那麼將使得焦點團體工作的進行更加順暢。

根據我們的經驗，團體人數在 5 到 8 人之間是最理想

的。如果團體人數比這個小，那麼該團體中似乎會喪失一些多元化和團體活力充沛的優勢，這樣的互動感覺比較像個針對 3 到 4 人的個別面訪。

當團體人數大於 7 人時，聆聽每個人的意見將變得很困難。尤其，對一個領導者而言，要去追問每個人，以發現他們的看法和經驗是否和首先發言的人有何差異時，將變得很困難。不過，有些學者認為一個團體包含 10 或 12 人，也是個可接受的標準，特別是對某些討論的主題來講，可能有些人根本沒有什麼意見可以表達。

目前對於一個理想團體該有的組成尚無定論，但它顯然應視主題而定。我們必須記得實施焦點團體的目的，是要得到不同的經驗和認識，而不是得到一個具有代表性的樣本。焦點團體的成果，是在於發現施行標準化所面臨的威脅或障礙。因此，在建構焦點團體成員時，就要包含對討論議題具備不同經驗和認識的各式成員。

另一個問題，是要讓團體保持同質性還是異質性。一般而言，異質性或許是個較好的選擇，但有一種情形例外。如果在一些話題上，把不同背景或經驗的人放在一塊，卻使得他們不願坦率表達己見時，就要保持團體的同質性。舉例來說，若討論的主題是反猶太人主義，那麼團體全部是由猶太人組成或全部由非猶太人組成，或由二者混合組成，其團體的互動必定不同。從設計問卷的觀點來看，要讓猶太人受訪者談論其所感受到的反猶太主義，最好的方法是讓猶太人處在一個不用擔心他們所說的內容，會暴露在非猶太人面前的情境之下，反之亦然。

再者，對於成員的安排，有時候混合是較佳的選擇。在醫療選擇的研究上，將選擇開刀的和不開刀的病人同時放在一個團體裡，可以彰顯他們在關心的事項上，以及對不同後果的看重程度。反過來講，在異質團體裡選擇相同醫療方式的人，彼此間的差異，則可能較不明顯。這些差異，可能要由所有選擇相同處理的人們所組成的團體中，較能彰顯。

團體的構成會影響研究結果的獲取。在某個特殊主題上，研究人員可能會去嘗試一些同質性的團體組成方式，和一些混合式的團體組成方式。這得到的結果可能不相同，但是都一樣有價值。

焦點團體的問卷設計和評量，基本上與調查問卷設計的道理相通。一個調查問卷的草稿，可以成為焦點團體討論的好草案。

焦點團體有三項基本的會話主題可以構成訪問時序表。一份訪問時序表中，有一連串有關經驗、態度或主觀心態的問項。

這些研究問項的設計要考慮三方面：

1. 問題是否能適當地涵蓋受訪者應該會有的描述？
2. 受訪者是否能夠而且願意去執行回答問題的工作？
3. 在問項遣詞用字前後的意義是否一致？前後一致，才能讓人對問題有共同理解，以方便受訪者答題。

讓我們再回到測量參加藝術活動的例子。有關問項的

一系列討論可能會像下面這樣：

1. 首先，我們要問人們在過去一年裡參與古典音樂表演的情形。在過去一年裡，你所參加的活動中有那些會被你當作古典音樂表演？

注意：每當某人提出一種令人難以決定的情況時，可能就要鼓勵團體，不論該活動應不應該被算在內。提供正反兩面的回饋意見。

2. 這個問題將問及人們說出過去一年裡他們參與古典樂表演的次數。你能回答這樣的問題嗎？

2a. 假如我們給你一些分類，而不是要你給一個確切的數字？例如，我們使用完全未參加過，參加 1 到 5 次，參加 6 到 10 次，或參加 10 次以上？你覺得你可以回答這樣的問題嗎？

3. 這問項中的主要專門術語是古典音樂。請你給我們一些你認為能被歸類為古典音樂表演的例子。我們就你的理解來談談那些可以和那些不能被歸類為古典音樂。

焦點團體討論的典型作法，是從一般性的概念談起，循序漸進到具體特殊的概念。在實施焦點團體之前，一個關鍵性的步驟是做一張清單，上面包括回想、報告，以及實務、措辭用語等重要的項目。團體成員要能夠分享彼此

在這些討論項目上各自具備的經驗和感受，以及其他在團體討論中帶進來的議題。

運用焦點團體的結果

至於焦點團體的價值，大家所共同關心的是：焦點團體的結果分散且不容易處理。其實就像研究一樣，焦點團體的價值在於設定一系列清楚的目標。當焦點團體討論的目標是幫助設計和評估調查問卷，而且在實施焦點團體討論時已經有一份調查問卷的草稿，則焦點團體討論的結果應該是對調查問卷的問題，逐題進行檢核。

1. 根據團體成員所發表意見，研究者是否因此想修訂問卷目的？或調整問卷的受訪對象？
2. 是否大部分的受訪者能都對問題做出適當的反應？如果不行，那麼應該如何修訂問卷（縮短參照期、增加答案類別、改變量表）而使得全部或大部分的受訪者更容易回答？
3. 問項的措辭和概念是否能讓受訪者有一致的理解？如果不能，有什麼方法能改進含糊不清的措辭，而讓問題更加清楚地呈現？

實施焦點團體的第一個基本步驟，是將所說的話作記錄。讓領導者臨場記筆記並不適當，因為領導者還有很多其他的事要做，才能使團體運作成功。比較好的選擇是讓

一個或多個觀察員記筆記。讓觀察者透過單面觀察鏡來觀看團體運作，卻不干擾焦點團體的進行，應該較爲適當。

最好的方法是給團體錄影。用這種方式，計畫成員能聚在一起看錄影帶，討論結果，並且還可以重新播放需要重覆觀看的部分。對觀看者而言，錄影比錄音的作用更大。而對參與者而言，錄製影像過程完全不會干擾到他們。錄音可以記錄下討論的具體內容。然而，由於經常難以確認說話者是誰，因此錄音所能呈現的效用也就比錄影來得小。

焦點團體討論是獲得跟調查問卷設計相關資訊的有效方法。那些以前沒有做過焦點團體經驗的人，常會驚訝的發現從中獲得許多有關研究主題與如何問問題的資訊。投入焦點團體上的精力與時間如此之小，而實施該法所得到的成效是如此之大，但以其成效來看，卻又很難去解釋爲什麼很多調查並非在開始的階段就先實施焦點團體討論。

說到這裡，要提醒大家一點：焦點團體討論僅僅是個實施調查工作的開頭程序。它能夠幫助過濾一些良好問卷中會產生的問題，也能夠解決問項遣詞用字和概念上的疑慮。不過要強調的是，深入的個別訪談和田野預試範疇所能檢核調查問項的面向中，有些仍然是焦點團體討論力有未逮的。

深度的個人訪談

　　先前所提到的，在 1980 年代早期，調查研究學者及認知心理學家齊聚一堂來討論其共同感到興趣的主題。其中一個主要的結論是，問題的測試應該包含認知心理學家用來了解受訪者在回答問題時思考過程的慣用程序。在該場研討會之前，像 Belson（1981）這樣的研究者，就會聽取受訪者對於問題的理解情形。然而，目前對於在認知實驗室中進行訪談的興趣，最早可以推到那場研討會的推動刺激（Jabine, Straf & Tanur, 1984），以及國家健康統計中心（National Center for Health Statistics）所做的先驅研究（Lessler, 1987; Lessler & Tourangeau, 1989）。

　　雖然認知或深入訪談有好幾種不同形式，但是我們仍可以用一些共同的要素來界定它們（Forsyth & Lessler, 1991）：

1.　此過程的優先程序是找出受訪者如何理解問項與回答問題。但是研究者毋須為正式調查中的資料蒐集過程而做特別的努力。
2.　受訪者常被帶到能錄製及觀察訪問過程的特殊環境中進行訪問。因此，這訪談多被稱為「實驗室訪談」（laboratory interviews）。
3.　不同於田野預試中需要用到訪員，這些主導認知訪談的人通常不是一般的調查訪員，有時他們是認知心理學

家，有時是研究人員，有時是資深的訪談督導。不論他們是那一種人員，對研究目的和問項目標都非常熟悉。因此，他們對於受訪者實際的表現以及研究者預先想像之受訪者表現二者之間的差異，十分敏感。

4. 最重要的，基本的規則包含念問題給受訪者聽，要受訪者回答問題，用某一些策略來找出受訪者在問與答的過程中心裡在想什麼。

　　選擇認知訪談的受訪者和建構焦點團體的篩選標準是一樣的。挑選的準則是找來的人要具有代表性，亦即能反映出將來在實際調查訪問中受訪者的特性。因為這種訪問往往對受訪者有些特殊的要求，所以受訪者通常都有酬勞可拿。訪談時間多在一小時到一個半小時之間。一旦超過二個小時，研究者往往會發現受訪者回答問題的能力早被消耗殆盡。由於訪談互動很花時間，因此通常認知訪談裡所涵蓋的調查問卷長度在真正施測時不能超過十五或二十分鐘。一般的實驗室訪談，僅會涵蓋調查問卷中一部分的問項樣本。

　　至於監看受訪者答題的認知過程，則有三個常用的步驟（Forsyth & Lessler, 1991）：

1. 有聲思考法的訪談。
2. 在每個問項後追問，或在一系列的短句之後設計後續題目追問。
3. 同一個問項問兩次。第一次要受訪者以一般的方式回

答，然後回到問題上，針對其答題反應與之作討論。

　　有聲思考法是認知心理學家常用的技術。基本上，有聲思考法是要求受訪者將心裡所想的事講出來。也就是訓練受訪者把承擔問題、搜尋該問題的相關記憶資訊，以及答題所採的資訊等各個階段的想法和認知過程，很清楚的呈現出來。如果受訪者做得好的話，那麼他們好比是為了解問項怎樣被理解，以及答案是怎樣產生的過程提供了一扇窗，可供一窺堂奧。就負面來講，受訪者能力不一，有些受訪者在運用語言來描述他們認知過程方面感到相當吃力。受過較多正式教育的人可能會表現得比較好。藉此認知過程所蒐集到的資訊並非是有條理的結構。因此，訪員或觀察訪談進行的人就得花費額外的力氣，找出對問項問題的結論。最後，也有人認為有聲思考法會改變受訪者答題的方式。

　　也許更常見的方式是，詢問受訪者有關問答過程的相關問題。標準的腳本是念題目，要求受訪者將答題過程從頭到尾先做一次，再詢問受訪者有關答題過程的相關問題。一般技巧包含：

1.　要求受訪者解釋問項。
2.　要求受訪者對字詞下定義。
3.　詢問受訪者對於適當的答案有無任何不確定或疑惑之處。
4.　詢問受訪者對於所給的答案有多大信心。

5. 如果問項要求的答案須以數字形式呈現，詢問受訪者是
   如何獲得那數字的答案。如果問項是要求評定等第的工
   作，詢問受訪者如何決定該答案。

　　就像上面所提，這個過程可用下面兩種方法之一進行。
第一種方法是，在每一個問項或一系列問項之後，依照認
知腳本進行。第二種是在整個問卷訪問結束後，再進行認
知訪談。第一種方法的好處，是在受訪者的認知工作結束
後緊接著提出問題；這樣對受訪者來說，要談他們的思考
過程比較容易。但是另一方面，這樣的方式會切斷問項之
間的關係，導致訪談中與現實距離隔得較遠。至於問完整
個問卷再進行認知訪談的方式，受訪者可以針對問項的了
解詳述答案，卻無法要求他們完全重建受訪者在想到那答
案時的思考過程。
　　就像焦點團體一樣，認知訪談在目標和議題很清楚的
時候，才能發揮最大功效。研究者應該先將那些他們認為
會有潛在問題的字彙、理解或形成答案的部分標出，連同
那些一般性的理解問題和困難，要求訪員針對這些議題加
以追問。圖 5.1 所顯示的就是認知訪談的腳本範例。
　　雖然認知訪談與焦點團體的目標和收穫可能相似，認
知訪談對焦點團體而言卻具有補充性質。焦點團體最大的
優點是有效率，能在一個半小時之內獲得 7 個或 8 個人的
知覺經驗。相反的，深度的個人訪談只能在一個半小時之
內得到一個人的知覺經驗。另一方面，焦點團體並沒有提
供任何有關個別問項字詞的測試。遣詞用字雖然在焦點團

體中會討論到，但是這跟找出一個人是如何處理字詞的思考過程並不相同。相同地，在團體中的人們，可以討論能不能或願不願意答題，卻無法複製受訪者探索答案的真正過程。這兩種方法都可以正確地幫助研究者了解受訪者如何答題，不過焦點團體只能幫助偵測一般性的問題，而深度的個人訪談卻能檢測有關理解和答題經驗的特殊問題。

圖 5.1　認知腳本

A1. 在過去的三十天內，有幾天你覺得有性衝動？ ＿＿＿＿ 天
A2. 在過去這個月裡你覺得你的性衝動有多強？
　　　　　〔 〕比平常強很多
　　　　　〔 〕比平常強一點
　　　　　〔 〕和平常一樣
　　　　　〔 〕比平常弱一點
　　　　　〔 〕比平常弱很多
A3. 在過去這個月內你覺得對性的興趣有多高？
　　　　　〔 〕比平常高很多
　　　　　〔 〕比平常高一點
　　　　　〔 〕和平常一樣
　　　　　〔 〕比平常低一點
　　　　　〔 〕比平常低很多
（現在我要問一些特別的問題來了解你如何回答這些問項）
　　a.　你能不能用自己的話談一談，你認為性衝動是什麼意思？
　　b.　請談一談對「性的興趣」這字眼和「性衝動」有何不同。
　　c.　請告訴我你是如何計算得到這個性衝動的次數？
　　d.　當你和平常狀況來比較興趣和欲望時，你認為什麼是和平常一樣？（什麼時候算是平常？）（為什麼你會選擇和平常一樣？）

有些問卷設計的層面是焦點團體和認知訪談無法觸及的。首先，兩者都無法測出訪員念題能否和所寫的問項一致。要找出這個答案，就必須要求訪員在實際狀況下進行測試。實驗室裡監督人員所念出來的問項流利程度，並不代表訪員在受訪者家裡或電話中就能念得流利。

　　第二、在實驗室裡的受訪者是付費的自願者，這跟實際情況中，受訪者可能在日常事務受到打擾而受訪情形不同。在實驗情境下有問題的問項，在一般調查情境下也一定有問題，但在實驗情境下沒有問題的問項，不見得在實際情形下就真的沒有問題（Royston, 1989; Willis, Royston & Bercini, 1989）。基於這些理由，在實施焦點團體和深度個人訪談後，應該是要進行實際蒐集資料的問項測試才行。

田野預試

　　對訪員所執行的調查而言，有個傳統的田野預試腳本。調查問卷接近完成的最後形式時，有經驗的訪員會找 15 到 35 個跟正式施測樣本接近的受訪者來訪問。資料的蒐集過程與計畫要執行的正式調查訪問非常接近，只是田野預試的樣本是基於方便有效的考慮而選取，並非採隨機抽樣方式。問項的評估主要仰賴訪員（Converse & Presser, 1986）。

　　在大部分情形下，訪員會和計畫主持人一起討論他們的預試經驗。訪員的報告多集中在實際的問題上，像印刷

錯誤，錯誤的跳題指示以及不適當的答案記錄等。研究者也藉此了解訪談所需花費的時間。

在實施正式調查之前，是有必要獲得類似上述實際議題的資訊。訪員也可以藉此機會，只報告訪員或受訪者所遭遇的問題。不幸的是這樣以傳統預試方法所進行的問卷評量機制，會產生下列一些限制（Presser, 1989）：

1. 問項的評估標準通常並不清楚。就算將標準條列清楚，往往不同的訪員對於怎樣才算有問題的知覺並不一致。

2. 訪員診斷問題的能力受到兩個因素影響。首先，要同時扮演好執行調查和觀察訪問如何進行的兩種角色，並不容易。再者，要挑選訪員和訓練其成為好的問題解決者。好的訪員能將寫作不良的問項念得順暢，即使問項再設計不良，也有辦法導引受訪者講出適當的答案。由於他們的技巧高超，資深訪員反而對於他們有辦法解決的問題並不敏感。

3. 在預試中，訪員面對的是少數的受訪者樣本。當受訪者反應某個問項有問題時，訪員就要去判斷這是由於受訪者特質的緣故，還是問項真的有問題。如果有20%到40%的受訪者樣本反應問項有問題時，這個問項就相當嚴重了。不過訪員若只做6個預試訪談，那麼只要有一個受訪者對問項表示有困難，就可能意味著該問項真的有問題。

4. 訪員會議並不是得到訪員評估問項資訊的好方法。無可避免地，那些高談闊論的訪員所佔的討論時間比例，不

見得和他們所講問題的品質相當。

5. 有些問題在預試訪談過程中並不是顯而易見的。在預試前後做焦點團體和認知訪談，一個重要的理由是去了解問題所在。然而，樣本數多且具有代表性的預試，可能對於辨識理解問項的困難有幫助。即使這些問題對訪員來講或許很明顯，但對其他人而言卻不見得。

近來，爲改進傳統的預試方式，已有一些成果呈現出來。這些最值得注意的特別技術有：

1. 在預試訪談中有系統地針對訪員及受訪者行爲進行編碼（Morton-Williams & Sykes, 1984; Oksenberg, Cannell & Kalton, 1991）。
2. 要求訪員使用系統化的評量表來評定問項等。
3. 在預試中使用特殊的追問方式來聽取受訪者的報告。

針對訪員與受訪者行爲進行編碼

這項基本技術很簡單。預試要錄音，這對電訪或面訪來講都一樣。就電話訪問而言，很重要的一點是事先要明確地告訴受訪者訪問時將會錄音，而這錄音需徵求過他們的同意才能進行，這樣才不會違法。根據我們的經驗，當告知受訪者錄音的要求時，通常他們都不會反對將訪談錄音（Fowler & Mangione, 1990）。

改進調查問題：設計與評估

錄音記錄要加以編碼，有利於進行問項評估。有一些不同的編碼模式可以運用。例如圖 5.2 所使用的評估方法，基本上，各種方法的道理是相通的。

1.　要評估訪員念問題的方式。針對每一個問題，編碼員可使用三種編碼方式:（a）能一字不差地逐字念出問項；（b）在不影響題意的情形下，略作少許的改變來念出問項；（c）問項的意義已明顯地被扭曲，也許因爲改變某字而影響句子的意義，也許是遺漏問項中某個重要字眼。
2.　受訪者在訪員尙未念完題目時就先打斷問題，他們可能是先提出疑問或者試圖搶先提供答案。
3.　受訪者最初的反應不適當，是指答案與問項目的不合。爲了改進這答案，訪員必須：
　　a.　重複念題；
　　b.　針對最初的答案，運用其他的追問方式去得到符合問項題目標準的答案。
4.　受訪者要求澄清問題。這個編碼是用於受訪者在回答問題之前，詢問訪員任何有關問項問題的時候。

圖 5.2　行為編碼

對編碼員（coder）的指示：在「問項」那一行寫下問項的編碼。

如果問項的跳答正確，就在第一行標記。如果問項念得正確，就在第二行「沒有錯誤」欄做註記。你會聽到兩種不同形式的念題錯誤：主要和次要的。次要的念題錯誤是訪員念的問項與題目所寫的有稍許不同，但並未改變題意。例如訪員漏讀冠詞「一個」或「這個」。主要的念題錯誤是訪員所念的問題不僅和題目所寫的不同，而且改變了題目的意義。另一種讀題的錯誤是問項中有引導詞幹，但訪員並未將該詞幹中的所有項目念出（例如，訪員至少應念出前三個選項，卻只讀了一個，或遺漏一個或多個選項）。

「打斷」這一列是用來當問題在還沒有完完全全念完，受訪者就先給答案時。

「重複問題」這一行是記錄訪員重複整個問項或部分問項的次數。

「其他的追問」這一行是記錄訪員用其他的追問獲得答案的次數。

「受訪者要求澄清」是用在當受訪者要求澄清時，例如「你指的是什麼意思」或是受訪者不懂某個字詞的意義。

閱讀

問項	跳讀正確	沒有錯誤	次要錯誤	主要錯誤	打斷	重複問題	其他的追問	受訪者要求澄清
A1								
A1A								
A2								
A3								
A4								
A4A								
A5								

在預試中將訪談行為加以編碼的基本原理如下述：當進行一個完美的調查訪問時，訪員必須確實依照題目所寫的來念出問項，然後受訪者會給予一個與問項目的相符的答案。當違背這完美的問答過程時，調查就可能會產生一些問題。偏離的現象越明顯，則有問題的可能性越大。

問項對訪員或受訪者的行為具有可靠的預測效果。在一項研究中，相同的調查問卷在兩個不同的調查機構作預試。行為編碼（behavior coding）的預試結果用來逐題作比較。結果發現當三種關鍵行為發生時——確實逐字念問項，受訪者要求澄清，受訪者提供不適當的答案——在這兩個預試間呈高度顯著的相關。因此，不管誰來做訪談，有問題的問項就一定會產生訪員誤念問項、受訪者要求澄清、受訪者提供不適當答案這些現象。

行為編碼的結果是每個問項的簡單分布。從這編碼來看，每個行為在預試裡所發生的比率都列成表。列表的結果就和圖 5.3 所呈現的類似。

如果在預試階段就能診斷出那個問項難念，那麼就能重新編寫該問項。讓訪員以標準化方式執行調查訪問的最好方法之一為：給予訪員的問卷是他們能夠讀的題目。

打斷問項：要求澄清不適當答案之所以重要，有三個理由。首先，他們是受訪者對題目不清楚或了解不一致的指標。其次，他們是答案並不符合問題目的的指標。第三，任何時候受訪者無法直接給予答案時，訪員就需要練習判斷。當訪員越常碰到這種在受訪者給答案之前要先去解決問題的情形時，那麼訪員就更有可能去影響受訪者的答案，

因此資料的蒐集就演變爲不標準化的過程了。（Fowler & Mangione, 1990; Mangione, Fowler & Louis, 1992）

圖 5.3　行爲編碼編製表

閱讀

問項	跳讀正確	沒有錯誤	次要錯誤	主要錯誤	打斷	重複問題	其他的追問	受訪者要求澄清
A1		22	2	1				
A1A		25				1	8	
A2		25				5	1	1
A3		22	3				1	
A4		9	11	6		1	1	3
A4A		21	3	1				1
A5		24			1			5

　　當受訪者打斷念題時，訪員必須作個決定。好的調查實行時，要求受訪者必須聽完所問的問題才給答案。然而，當訪員認爲受訪者提供的答案是正確的時候，那麼就可以接受這個答案。或者，在接受答案之前，訪員要決定是重念一次題目，或者念完尙未念的部分。從標準化觀點而言，最好的問卷設計是中斷最少，因此訪員就可以少做這些決定。

　　行爲編碼的預試訪談，業經證明實施起來相當容易而且有效。編碼並不需要特殊的背景或經驗；編碼可以在幾個小時內就訓練出來。編碼的過程本身幾乎能在訪談的情形中做好，而不用常常停掉錄音機。雖然在電腦上製作直接的資料輸入系統確切能幫助列表，但是人工繪製的圖表

（例如在圖 5.3 中的）就已經足夠應付所需了。

行為編碼的長處是客觀系統化、可複製、可量化。訪員通常對於受訪者在回答問項所遭遇的困難上，並沒有量化的想法。的確，訪員在識別他們讀寫不一的問題上表現，並不理想。因此行為編碼對於增進研究者對於了解其所設計的問卷上，幫助甚大。

可量化的本質，使得行為編碼的結果能夠用來比較不同的題目和不同的調查品質。它也提供可靠的證據，讓研究者能夠辨識問項的問題。當訪員說他們認為受訪者答題有困難時，研究者很難知道其困難的程度。當行為編碼顯示出 25%的受訪者要求澄清問題時，很明顯地，研究者就該採取某些措施了。

一旦資料被列成圖表，接下來的問題是如何善加利用這結果。有個議題是到底要到什麼程度才能判定某個問項有問題。雖然有指引表示 15%可作為一個指標（Oksenberg et al., 1991），不過仍難免流於武斷。當這些當中任何一項行為發生在 15%以上的預試訪談中，大概就是某個問項得再改進的訊號。在圖 5.3 的例子中，問項 A1A、A2 和 A5 都看來存在些潛在的問題。這些問題可以從訪員追問和受訪者要求澄清的數量上看出來。問題 A4 則可能有念題和答題的問題。

雖然這些行為產生的比例是問題存在的表徵，還是需要進一步確認問題的本質。利用訪員和行為編碼員的經驗，應該會有幫助。

研究機構使用行為編碼資料的情形不一。一個常見的

策略是，在預試後的訪員會議上，將行為編碼資料放進去。在討論個別問項時，假使在行為編碼中所產生的問題是顯而易見的，那麼訪員就得分析他們認為是什麼原因引發了那個問題。為什麼這個問項很難念出來？受訪者在答題時遇到什麼樣的困難？

行為編碼員也可以參加訪員會議，或者編碼員能有他們自己的會議。這個階段的目標，在盡可能了解問題的性質，所以要讓訪員和編碼員都能參與問項的評估過程。

接下來的議題是關於如何解決問題。在某些案例中，解決方法很明顯而且容易。假如有個受訪者不能一致了解的名詞，則典型的解決之道就是對這個名詞下定義。假如訪員無法念出冗長的句子，則可能的解決之道就是把子句去掉。圖 5.4 提供一些在行為編碼中所提到的錯誤，而這些錯誤是研究者可能想要注意的。這個表和第 4 章所列的原則有些是重複的。

最後，一旦研究者蒐集了有關問項的資訊，試圖分析問題的本質，而且提出解決之道以後，有個好方法可以用來檢測這項解決途徑是不是真正能成功：作另外一次預試，用同樣的方法來評量問項，並觀察訪員是不是能做得更好。

給訪員的問項評量表

從訪員處獲得關於調查問項資訊的傳統方法，是在預試完成後，訪員齊聚分享調查經驗。當然，對於研究者而言，從訪員那裡得到關於調查問卷問題的回饋很重要。然

而，不同訪員評估問項的標準也不一樣。再說，團體討論並不能有系統地導引出人們的觀點。

圖 5.4　影響訪員和受訪者行為的一般問項問題

行為	一般問題
訪員誤讀的問項	不合適的用語（難以說得流利）。 無用或不適當的內容引言。 在問題末尾附著的子句。 遺漏完成答題工作所需的問項字詞。
打斷	在問到的一個完整問題後，接連上修正的子句。 受訪者並不了解將會提供的答案選項。
訪員追問（或不妥的答案）	題意不清。 不明、未定義的字詞。 不清楚的答題。 題序不佳，所以受訪者無法回想起選項。
要求澄清	不明、未定義的字詞。 不清楚的答題。 題序不佳，所以受訪者無法回想起正確的選項。

為了提升預試訪員協助進行問項評量的能力，研究者已經實驗出一套方法，要求訪員有系統地針對每個問項作評量。圖 5.5 中所呈現出來的，就是這樣的一個表格。

這表格相當簡單。將問項號碼列於左方，要求受訪者

針對每一個問項給三種等第的評量：

1. 逐字念問項有沒有任何困難？如果有困難，那應該說到什麼程度？
2. 對於問項中的某些字詞或概念，受訪者是否能夠容易明瞭？或者受訪者彼此之間對於問項的理解是不是具有一致性？
3. 受訪者在知道答案或答題上有沒有任何困難？如果有困難，那困難到什麼地步？

這些評量表實際上提供了三種不同的功能：

1. 這些表格最明顯和不可否認的價值，就是讓研究者在訪員對問項有質疑的問題上，提供了簡便的列表方法。
2. 這些表格也確保研究者能夠知道所有訪員對問項的評估，而不只是那些在會議中發表意見的訪員想法。
3. 這些評量表讓訪員將注意力集中在調查問項的重要層面上，而這些層面有時候並不是訪員注意的焦點。

訪員在訪員會議上的建言，大多集中在主要訪問表上造成他們困擾的問題：錯誤的跳答、不適當的記錄答案空間、和冗長的問項。這些調查問卷的實務問題，常佔去預試後會議的大部分討論時間。基本上，這些特殊的評量表會要求訪員針對調查問卷的某些層面進行有系統的評量，而這些層面對訪員來說，也許並不重要，卻是改進測量品

質的關鍵。

圖 5.5　訪員的問項評量表

你要基於你的預試經驗來評估每個問項。請先針對每個問項在前三行上寫下等第編號。

使用下列的編碼來表示每個可能的問題：
A=沒有證據顯示有問題
B=可能有問題
C=一定有問題

第一行用來評量你在逐字讀出問卷問項時碰到的困難程度。
第二行用來評量受訪者理解問項中字詞或概念的困難程度。
第三行用來評量受訪者在提供答案方面的困難程度。

問項	難以念出	受訪者在了解題意上有困難	受訪者在提供答案上有困難	其他問題	評語
A1	A	A	A		
A1a	B	A	A		
A2	A	B	A		
A3	A	A	A		
A4	C	C	B		
A4a	A	A	B		
A5	A	A	A		

　　如果訪員在開會之前已完成等第評量表，會議的領導者在討論時，就可以對已經完成的問項評估作摘要。評量

表的第四個好處是在會議時，可以把討論的重點放在那些訪員認為最有問題的題目上。

發展出比圖 5.5 來得更好而且更有用的表格是有可能的。然而，最好的表格是不要過於複雜。當我們用較複雜的表格時，訪員需要花費更多的心力，卻不見得能增加多少成果。評定等第的目標是把問題找出來，而診斷問題的性質則在討論時進行比較恰當。

要求訪員完成問項評量表的代價很小。在討論了上述好處後，大家大概很難反對將評量表的運用，列入為問項評估和預試過程的一部分。

對受訪者的特殊問項

標準化預試的主要目的是：去評估一份接近最後完成形式的調查問卷。為了能做到這一步，我們會盡可能地將訪談的實施，複製得和正式調查一樣。

上面已經提過，一般的標準化預試，並不能讓我們透視受訪者如何答題，以及其答案的意義何在。在田野預試之前，實施焦點團體和實驗室訪談的主要理由，是為了要確認問卷設計中有關認知層面的問題。另外，上面所提的行為編碼，能夠指出對那些問項的理解會產生歧義。儘管如此，我們知道有些受訪者即使並不完全理解題目，也能夠適切地回答問題而不要求澄清題意。基於這項理由，研究者一直致力於發展其它的預試方法，以便更能有效偵測出受訪者對題意了解不一的問項。

改進調查問題：設計與評估

一般而言，研究者基於兩點理由而不願在正常的預試之外再多加題目。第一點理由是，多出來的題目或者在訪談中對受訪者的其他額外要求，會改變訪談的互動方式與時間長度。而這些改變，可能會讓研究者更難測試其問卷在實際情況下到底會如何運作。第二點理由是，調查通常得依賴自願的受訪者。對於受訪者而言，除了充當預試受訪者外，還得身負問卷評量工作，意願可能相當有限。

　　了解這些限制後，研究者探索了三種不同方法，讓預試的受訪者能進一步幫忙評估問項。

1. 可以要求受訪者描述他們對某些特殊問項的理解方式。這項技術常用在認知訪談中，要求受訪者敘述問項或對名詞、概念加以定義。這兩者可以用來偵測受訪者對問項了解不完整的地方。

2. 同樣地，也可以要求受訪者詳細解釋他們基於何種理由在某問項上給了某個答案。當題目答案是固定的時候，答案可在選項中選取。要求受訪者對這類題目詳細描述是有益的，如此研究者才能藉由受訪者選擇的答案，來評估該答案是否能確實反映出受訪者的想法。

3. 要求受訪者評估不同的問項特質。有兩種常見的評估。一種是問受訪者在某題上所給的答案能精確到什麼程度，另一種是問受訪者自己或者他們認為其他人在某些題目上所給的答案會不會失真。

關於問題理解的追問

例 5.1：在過去一個月裡，你跟醫生討論過幾次有關你的健康問題？

這個問項的設計包含了和醫師在電話裡的對話，以及醫療門診。它所涵蓋的醫生指的是各科的醫學專家，包括精神醫師在內。研究者想了解受訪者所理解的題目範圍是否和研究者想要的結果一樣。

例 5.1a：

a. 你講的次數有沒有包括從電話中得到醫師建議的情況，而不只是親自去看醫生的醫療門診？

b. 你曾經在上個月和醫生在電話裡談論過你的健康狀況嗎？

c. 如果上個月你曾經和醫生在電話中談論到健康問題，那麼在回答次數問題時，你把這種電話討論也算在內嗎？

d. 你講的次數裡面包括去看精神科醫師嗎？

e. 你曾經在上個月去看過精神科醫師嗎？

f. 如果你曾經在上個月去看過精神科醫師，在回答問題時你把這些次數也包括進去嗎？

例 5.2：你在上個月裡，大約有幾天曾經做過至少持續二十分鐘的健身運動？

後續的追問問題可以像下列所述：

例 5.2a：當你在計算健身運動次數時，你把散步也算進去嗎？

例 5.2b：你在上個月散步至少持續二十分鐘的日子，一共有幾天？

例 5.2c：如果你在上個月有靠散步來健身，那麼你在回答這個問項時有沒有把它算進去？

對於如何使用一系列像這樣的追問問項，有幾個重點值得提示。首先，研究者需要有一個明確的注意焦點。經驗告訴我們，離題太遠不會有豐盛的收穫。當這些問項能鎖住焦點時，它們能發揮的功效最大。

這整個系列的問題是有價值的，因為每一個問項都能提供不同的資訊。頭兩個問項相依，彼此彰顯另一個題目存在的重要性。第一個問項評估事件包含的次數，第二個問項集中在事件有沒有被錯過或省略。第三個問項答案的重要性需要小心看待。關於假設性問題的答案通常並不可靠。儘管如此，如果有許多人就連對假設性的題目也不了解題意，那麼研究者可能就得針對問項的定義，好好地痛下功夫釐清問題了。

運用封閉式的答案選項

在最近有次調查中，受訪者被問到過去一年裡面讀過

幾本小說。研究者想確定到底受訪者知不知道小說是什麼。在預試的問項評量中,受訪者被問到下列的問題:

例 5.3:你說在過去一年有讀過(若干)本小說,你能不能把你讀過的小說名稱告訴我?

受訪者給的答案隨後被編碼成「是小說」或「不是小說」。結果顯示在受訪者認定是小說的書籍中,有 25%其實是非小說的散文。

上述例子所問的是事實問句,在理論上有對或錯的答案。追問的目的是要確認受訪者對於問題和答案能有共通的了解,而這些答案是研究者想要用來作解釋的答案。同樣的技巧可以用在更主觀的評估上。

例 5.4:整體而言,你認為自己的健康狀況是極佳、良好、好、普通還是不佳?
例 5.4a:當你說你的健康狀況(先前的答案)時,請問你是想到用什麼來作為評估的依據呢?

在這個範例中,問項的目標是要歸納出一個健康狀況的等級,也就是一個人的健康情形如何。當追問了上述例 5.4a 後,我們了解到人們運用各式各樣的標準來評估自己的健康狀態。舉例來說,有些人說自己的健康狀況「普通」,是因為他們並沒有作規律的運動,或是飲食控制不當。也有人用身材的適中程度來評分,而不是依據其他足以影響

器官功能或壽命的狀況來評斷。

一個人生活型態的健康程度，並不等同於身體的健康狀況。透過這些追問問題的結果，研究者了解到如果要讓受訪者用相同的標準來評量他們的健康等級，就必須向受訪者解釋要用那方面的標準來判斷才行。

要求受訪者評估題目是問項評量的第三種方法。使用這種方法做得最有趣也是最成功的是，Bradburn、Sudman等人在 1979 年所做的研究。他們的訪問包含了一系列的活動，像飲酒過度、性行為、收入及教育。在調查訪問結束後的訪談中，他們詢問受訪者三個不同的問題。首先，他們問受訪者這些題目會不會太難。其次，他們問受訪者這些題目裡有沒有太過私密性的問題。第三，問受訪者一般人會認為這些題目太難、難、有點難還是一點都不難。

研究者的結論，是受訪者認為困難或隱私的題目，都是讓受訪者感到威脅的問題。我們的研究也得到相同的結論。就大部分情形而言，我們認為當受訪者被問到太難或私人性的問題時，所能提供的有用資訊就相當有限。

另一方面，Bradburn 和 Sudman 要求受訪者評估他人對題目可能有何感受，發現受訪者的主觀答案不但非常具有參考價值，而且對研究者在確認答題誤差上有很大幫助。

也許有人會說，這個例子其實是一個連受訪者本身也不知道答案的題目。不過，本例的先決假設，是受訪者在答題時能夠感同身受，而且受訪者事實上就是在告訴研究者，他們對題目的作何感想。

小結

　　這節的重點，是將認知實驗室中使用的技術，用在實際的調查設計上，讓我們在資料蒐集的情境下，能夠得到一個更大而且更有代表性的受訪者樣本。為了使追問和預試的原始目的不相衝突，追問的題目要有相當的限制。最好的方式是只把重點放在 6 個題目上。當訪談結束時，訪員能回到原來的問題，提醒受訪者問了那些題目，然後再問像上面所列的後續問題。問的後續題目要是能越集中焦點，就越容易達到目的。

　　如果上述的評量能達成的效果有限，譬如有些目標無法在實驗室的情境下確實達成，那麼可以考慮混合設計方式，也就是採行「深度訪談」（in-depth interview）。深度訪談能將認知實驗室的訪問，帶領到更實際的訪談情境下。受過特別訓練的訪員能針對調查問卷裡的問項，提出許多後續的追問題目來。訪談通常是在人們的家裡進行。這樣的樣本比認知實驗室中所用的樣本數更大，也更具有代表性。深度訪談能為問卷發展和評估增色。不過接下來研究者仍然需要有個接近最後完成形式的調查問卷，以便隨後進行完整的田野預試。

　　一旦田野預試的調查問卷準備好了，那麼就意味著大部分與理解題意及答題認知工作的問題，應該都已經解決。而田野預試也能夠讓研究者在進行正式的調查訪問前，再一次詢問受訪者若干問項認知方面的後續問題。

採用預試策略來改進自填問卷

上述的方法，尤其是行為編碼和有系統的訪員評估，必須依靠由訪員進行口頭上「問與答」的訪問。相對的，當使用受訪者自填問卷時，所有關鍵的「問與答」行為是在受訪者的腦海中進行。同樣的問題當然是彼此相關。受訪者必須在一致的方向上了解問題的意義；他們必須了解什麼樣的答案才符合問題的目的，而且他們必須能夠表達、進行回覆的工作。這一節的問題，是如何修改自填問卷調查的程序，以適應特殊的要求和挑戰。

第一個要提出的要點，是焦點團體和認知訪談可以同時應用在自填問卷和由訪員進行的訪問形式中。特別是自填問卷，應該由認知實驗進行技術控制，先在實驗室裡進行口頭訪問與回答。

和由訪員進行訪問的問卷比較起來，自填問卷有一個極具特色的特徵，就是受訪者可以看到所有可以選擇的答案。因此，在實務上去施行認知訪談的作法，或許是應該讓受訪者能夠看著問題的書面文字，使他們看得見所有可以選擇的答案。然而，進行口頭上的「問與答」的過程，能讓訪員接收有關受訪者腦海中所呈現的相關訊息。

一旦有份經過各種評量方式，接近最後完稿狀況的調查問卷後，仍然有必要進行一次預試，以便評估「問與答」過程的進行情況。很明顯地，訪員的評估並不適合這個協議。然而，觀察受訪者填寫問卷和受訪者對問題的反應，

對自填問卷的調查而言，是適當的作法。

沒有觀察的田野預試

對郵寄問卷的一種預試方法，很顯然地是複製郵寄問卷的程序：問卷可以寄給那些能夠要求他們填寫和寄回的人。此外，受訪者可能被要求回答一些開放式的問題。例如：在題目的最後，可以要求受訪者辨明他們所發現感到困惑的問題，或他們覺得回答有困難的問題，或基於其他理由所引起的問題。

正如在傳統的訪員調查問卷的田野預試一樣，這樣的田野預試並不能夠提供非常多關於「問與答」過程的資訊。對受訪者進行的預試中所記錄下來的筆記，多少能提供一些幫助，但可能幫助不大。受訪者所採用的標準，或許很難加以界定，而且我們通常知道受訪者並不是調查問項的很好評論者。因此，雖然這樣的預試可以提供關於答題意願、答完問卷的能力，以及一些關於填完一份問卷所需要時間長短的資訊（假設其中有一個關於這方面的問題），研究者還是需要其他步驟來了解「問與答」的進行過程。

利用觀察來評估自填問卷的題目

觀察人們填寫自填調查問卷，能夠提供關於題目本身問題的有用資訊。如果受訪者花費很多時間去回答一個題目，那可能暗示著這個題目令人感到困惑，或者難以回答。

到目前為止，在識別有問題題目的觀察方法上，並沒有可靠的評估研究。再者，這是一個勞力密集的工作，因為必須指派觀察者去仔細檢查每個受訪者的情況，以便能夠發現那些需要花上額外時間去回答的題目。雖然如此，藉由這樣的觀察，還是可以學習到一些事情，而且也許這是一個未來值得投入的研究領域。

更為肯定的一件事，是當問卷需要受訪者從記錄或其他來源去蒐集訊息時，實際觀察受訪者，從中獲得他們所需訊息所經歷的過程，是非常有幫助的。這個方法的應用或許在組織調查是最為適當。受訪者通常會被要求去蒐集有關「在一定的工作類別上的受雇人員數目」或「某特定地區的銷售量」這方面的訊息。研究者了解他們對於訊息要求的難易是很重要的，這樣他們才能夠建構一個實際上較為可行的工作內容。詢問預試的受訪者，當他們填寫問卷時，觀察者是否能夠在場？為了獲得在填寫問卷過程中考慮到事物的訊息，這是很有用的作法，而且似乎應該多加以應用。

向受訪者提出詢問

在評估自填問卷方面最普遍的方法，是當受訪者完成填答之後，與受訪者進行一段有關調查問卷的簡短訪談。訪談可以按照個人或是團體的方式進行。詢問受訪者的技巧在這個情況下是可以拿來應用。此外，也可以詢問受訪者在閱讀或是回答題目時有沒有遇到任何問題。

小結

　　雖然認知實驗室的測試，對於訪員訪談和自行填答的調查方法兩者而言，都是有價值的，但是它對自填問卷來說特別重要，因為在預試中，要能夠進行識別有問題的題目並不容易．完全誤解題目的人可以隨便勾選答案，然後繼續答題，卻不會表露出有任何明顯的問題。因此，在自填問卷預試的最後階段，辨別出認知上的問題和答題上的問題，是件困難的工作。自填問卷最後的預試傾向於將焦點集中在工具本身的實用面上：確認工作內容清楚，而且合理可行。即使如此，在每個階段，研究人員還是可以給自己機會，察看那些繼續存在他們所設計的題目中那些有明顯理解問題的問項。最好的習慣是在每一個階段，包括最後階段，至少有某個機會能讓預試的受訪者識別那些意義前後不一致，而且不能完全理解的題目。

將答案表列化

　　幫助研究者在預試階段進行對題目評估的最後一個步驟，是將答案的分佈表列化。如果完成的預試少於二十份，這個表的價值就很小。然而，如果完成三十份或是更多的預試，這個表列將非常有價值。

　　很明顯地，預試分布的限制，除了數目的限制以外，

就是樣本不具代表性。然而，假設樣本是相當近似於研究母體，那麼至少有四種訊息可以經由觀察預試的資料中蒐集到：

1. 主觀量表上的回答分布，能夠顯示是不是提供了正確答案選擇的訊息。量表的價值隨著答案在連續尺度上分布的廣度而增加。如果所有受訪者都給予同樣的答案，這個題目便沒有提供任何的訊息。如果一個問題提供了兩個答案選擇，而 90%的受訪者挑選了其中一個答案，那麼該題的訊息將只由約 10%的受訪者提供。因此，檢討預試的答案分布，能幫助研究者辨識那些受訪者的答案嚴重集中在一個或兩個種類的題目。對於這類問題，研究者也許會考慮改變答案選項，以提升受訪者在量表上增加分布範圍的可能性，從而增加由題目中獲得訊息的數量。或者，根據答案的分布情形，他們也許會決定某一個題目無法提供有用的資訊，因而將該題目由調查中刪除。

2. 在一些案例中，調查問卷的建構方式，是對於某些給予特定答案的人，會有續問的題目出現。

    例 5.5：一般來說，你對於你所接受到的醫療照顧，是感到滿意還是感到不滿意？
    例 5.5a：（假如不滿意）讓你感到不滿意的主要情形是什麼？

在預試中，也許會發現很少人會給予「不滿意」的答案。這樣的情況下，接下來的問題將只用來詢問較少的一群人，這樣所提供的資訊就有限。一旦知道很少人會答「不滿意」這樣的訊息，研究者便可能著手進行一些改變。

a. 改變原始的問項，以引出更多「不滿意」的答案。

b. 詢問更多受試者接續的問題，或者甚至詢問所有受訪者，例如例 5.5b。

例 5.5b：在什麼樣的情況下，你會說你對於所接受的醫療照顧感到不滿意呢？

c. 刪除所有的接續問題。

3. 項目無反應的比例，也就是受訪者沒有給予題目任何答案的百分比，是另一個可以從預試答案分布中看出的議題。在大部分調查工具中，受訪者沒有給予回答的比例都不高。但是如果某個題目有相當數目的受訪者沒有作答，那麼研究者就得重新評估題目的用字、問項目的，或者評估是不是要問這道題目。

4. 關於題目之間彼此關係的一些分析，也可以從預試所蒐集到的資料中完成。受到樣本大小和代表性的限制，預試資料可以用來尋找多餘的部分和不一致的部分。如果在一個調查研究中，幾個問題的目的是在測量同一件事情，將答案交織成圖表，或觀察它們之間的相互關聯，也許是有助益的。如果該分析顯示出答案之間有高度相關，就有可能刪掉其中一個題目而不損失任何訊息。或

者，如果幾個題目是測量同一件事，但彼此的相關程度不高，或者答案彼此不一致，就表示這些題目測量的不是同一件事。這樣的話，研究者就得重新寫問項，或去思考所測量到的概念是什麼，或是從中刪除一、兩個題目。

　　預試的一個特殊用途是提供有關封閉式答案（或開放式答案）的訊息。近幾年來，由受訪者以自己的話來作答的問題已經顯著地減少了。開放式的答案可能在編碼上有其困難，它們在電腦協助進行的訪問中特別會產生問題，而且其答案通常是各式各樣的，因此在分析上有困難。雖然如此，研究者在調查研究中仍然會問一些開放式的問題，並且觀察在預試中得到的答案能夠如何幫助研究者評估問題。

　　將預試使用在封閉式的答案上有兩個不同的方法。首先，藉著觀察得到的答案，研究者也許可以發覺在提出問題時一些明確不適當的地方。本章經常提到一個非常常見的問題，就是無法充分地詳細說明符合問題目的的答案種類。觀察預試問題的答案，可以顯示研究者是不是想更進一步對受訪者詳細說明，他們所希望獲得的是什麼種類的答案，以及答案要到多詳細。

　　第二，以敘述的形式回答問題，通常是由於研究者認為有一長串似乎合理的答案，或者是他們並不知道所有人會提供的答案。對一個題目以開放性答案的方式加以預試，可以提供資訊讓人了解答案的可能範圍。在預試的基礎上，

研究者可以推斷出少數答案，卻足以涵蓋大部分人們所要表達的範圍。因此，題目便可以由開放式題目轉變為有固定選擇答案的問題了。

分析答案的分布，意味著研究者在預試期間就必須將資料加以鍵入和編碼。這些工作需要一些額外的努力。然而，如果預試與正式調查的問卷所差無幾，那麼將預試答案登錄及編碼的工作也不會白費。這裡面大部分工作和最後正式的調查都有關聯。因此，對大部分調查而言，建立資料檔只是個極小的額外負擔。

將預試結果列表所得到的資訊，會隨著預試樣本與研究母體之接近程度，以及預試次數的多寡，而有不同的重要性。然而，以上的列表資訊在最後評估題目時，對研究者會有相當大的幫助。將答案的分布列表，其實是一種花費既少，又能獲得問卷測量品質資訊的有效方法。

結論

在進行任何重要調查之前，發展調查工具的腳本應該包含上述所有的步驟：焦點團體討論、深入的實驗室訪談、包含行為編碼和訪問評估形式的田野預試、以及預試資料的表列。此外，在理想上，至少應實施兩次田野預試，第二次預試是為了確定在第一次的預試中所發現的問題已經解決。

這種問項評估的反對論點，通常集中在時間和金錢問題上。無疑的，問卷設計過程所花費的時間，如果包括焦點團體和認知訪談的話，將比不包括這兩者要來得長。然而，焦點團體和認知訪談兩者，都能夠在幾周之內便實施完成。

與其將時間浪費在蒐集題目的相關資訊上，倒不如將時間花在重新設計那些已經發現問題，而能夠進一步改進、設計得更好的題目身上。對於絕大多數調查研究而言，經驗顯示這些評量步驟都能讓研究者設計出更好的題目。一旦發現題目的問題，就要花些時間去修正錯誤。當一位研究者認為問題已經獲得修正，就必須作進一步的評估來確定所作的修正是適當的。時間投注在確保調查工作中所詢問的問題，的確是研究者想要達到最佳測量的佳徑。

至於花費方面，上述步驟的真正優點，是它們對於大部分的研究預算而言是很便宜的。假設一項研究預算包含了某些預試的花費，實施上述步驟對總開支而言，只有佔很小的百分比。

另一個反對實施問卷評估的理由是，也許研究者並不想改變題目。有許多調查中所用的題目，必須拿來和不同母體，或之前在某個時間點上所得到的資料結果作比較。

另一個合理的關心焦點是，如果改變了題目，那麼便會喪失對結果加以比較的可能性。同時，如果某個問項是一個差勁的測量，它的答案並不能有效地反映出研究者所想要測量的事物，那麼該題目的複製或比較價值便減小了。研究者可能會決定保留某個題目，即使該題目容易被曲解

意義、訪員實施起來有問題、或人們答題方式不盡理想。研究者也許會決定「達到比較的目標」比「改進題目本身作的測量限制」更爲重要。儘管如此，在能夠依賴最好的資訊以決定題目去留的情況下，研究者應該會願意對問項品質加以仔細評估。因此，另一個相關的考量，是這些題目評估步驟的標準並不明確。舉例而言，一般建議在預試中，如果有 15%的受訪者要求澄清題目的意義，就表示題目有問題。但是在經驗上，要發現像上述有問題的題目並不是一件容易的事。15%確實是一個主觀的標準。既然不可能讓題目能夠 100%依標準化的方式來加以理解，那麼到底母群中有多少百分比的人曲解題意，才能夠使研究者判定該題目是否有問題呢？

這並不是能夠簡單回答的問題，而且如果撇開研究目的和情境不談，這些問題也無法獲得解答。對某些題目的曲解，有時比其他題目更能威脅到資料的價值。隨著研究者對於評估技巧越來越熟練，他們便能夠將認知訪談和訪員評估的結果加以量化處理，而比較清楚的標準就會浮現出來。

最後要再重複的是，本章所敘述的評估技巧，著重在蒐集資料的過程：包括受訪者如何理解和回答題目，以及訪員如何運用題目。本章所用的評估策略可以用來辨識各種問題，而這些問題若不加以改善，便會使調查資料產生錯誤（例如：Fowler, 1992; Fowler & Mangione, 1990; Mangione et al., 1992）。不過話說回來，那些能被理解、回答並加以標準化方式實施的問項，不見得就能夠正確有效

地測量到研究者想要測量的事物。如果要有效檢測問項的
效度，還得再做進一步努力。而如何進行評估問項效度的
方法便是下一章要探討的主題。

6

檢驗調查問項的項目

　　本章的主題，在於教導讀者如何評量問項答案是不是研究者想要測量的有效標的。在第 5 章裡，我們所談論的問項預試步驟，重點集中在蒐集資料的過程：怎樣施測問項、問項怎樣被理解、和問項怎樣被回答。假如在蒐集資料的實施過程裡發生問題，那麼將會降低調查問項的測量效度。由於第 5 章並沒提供統計上檢驗問項答案謬誤的方法，本章的重點將放在這上面。

　　一般來講，有四種方法可以用來評量調查問項的效度：

1. 研究相關（association）的型態。
2. 對於問項相同，但以不同形式出現的結果加以比較。
3. 將調查問項的答案和其他不同的資訊來源（例如記錄）加以比較。
4. 向同樣的受訪者問兩次相同的問項，並比較其結果；或

者同樣的問項可以詢問不同的受訪者,再比較其結果(就技術上來說,這些是測量信度;不過信度低的問項通常其效度也低)。

研究相關的型態

當調查問項用來測量主觀現象時,關於這個問項測量好壞與否的證據比較間接。由於我們無法直接觀察人們的心理狀態,只好接受基於下述前提的推論——如果我們測量的是我們想要測量的事物,那麼這個測量指標一定能表現出可以被預測的地方(Turner & Martin, 1984; Ware, 1987)。這類效度檢驗的基礎即為「建構效度」(construct validity)。

有三種相近的方法可以檢驗效度。這三種方法的基本原理相通:

1. 建構效度;
2. 預測效度(predictive validity);
3. 區別效度(discriminant validity)。

建構效度:如果好幾個問項都是在測量同一件事或非常相近的事,那麼這些問項之間應該呈現高度相關。

預測效度：指一道測量能預測某個其他問項答案的程度，或者能預測應當有所關聯結果的程度。

區別效度：對於隸屬不同組別的受訪者，事先認為他們在施測的項目上，應該表現出彼此相異之處，而事實上經過測量後，也的確如此。

現在我們舉健康狀況的問項為例——人們認為自己的健康狀況如何。

例 6.1： 在一個 0 到 10 分的量表上，10 代表你的健康情形處於最佳狀態，0 代表你的健康情形極度糟糕。你認為那一個數字最能貼切描述你目前的健康狀態？

假定同一份調查問卷裡還有其他測量健康狀態的問項在其中：

例 6.2：通常你會如何評比你自己的健康狀況——極為良好、非常良好、良好、普通還是不佳？

例 6.3：跟和你相同年齡的其他人比較，你認為自己的健康狀況比其他人好、比其他人差，還是差不多？

雖然上述問項的遣詞用字不同，研究者想要測量的事物大致上還是一樣的。那個用 0 到 10 分評比健康狀況的問項，如果真能有效測量健康狀態，就要看它和其他同樣想要測量健康狀態問項之間的相關情形如何，才能判定。

效度測試並不比用來檢驗測量是否有效的問項來得高

明。因此，如果兩個同樣測量健康狀況的問項彼此沒有高相關，我們也無法辨別出到底其中那一個問項顯得較差。沒有高相關的原因，有可能是其中一個不是測量健康狀況的良好問項，也有可能是兩個問項都表現不好。然而，假如有好幾個測量健康狀況的問項，或是彼此相近的概念，都用來測試某研究問題的答案，那麼研究者比較能夠藉由其中某一問項和其他問項之間的相關型態，而檢驗出該問項之效度。

此外，研究者可以進一步檢視預測效度。例如，我們可以假定健康狀況不佳者會使用醫療服務。因此，我們會期望那些將自身健康狀況評比為較差者，更常去看病、住院、或因為生病而減少工作天數。假設我們掌握有關這些事實的資訊，那麼，我們可以了解如何從某段時間的健康狀況，去預測未來的醫療使用情形或工作天數。

對於這樣的測試，我們認為其相關應該比上面所講的來得低。覺得自身健康狀況良好的人們，或多或少也都會使用醫療服務。其中有些人的病情會需要醫療服務，但是某些需要醫療照顧住院的病情較為急性，卻無法一直影響人們對自身健康狀況的評量。不過，假使健康狀況和醫療服務的使用之間沒有確實而且顯著的關係，恐怕大部分研究者都會對此感到失望。假如真的沒有任何實質關係存在，那麼就有可能是測量有問題，或是理論錯誤所致（健康狀況並非使用醫療服務的良好指標）。

最後，再舉一個區別效度的測試實例。那就是平均來講，在對自己健康狀況的評比分數上，健康狀況明顯有問

題的病人，應該會比沒有健康問題的病人來得低。因此研究者可以先確認一群罹患重大疾病，像心臟病、中風、和糖尿病的的病人；然後再比較罹患上述疾病和沒有罹患上述疾病者之間，對其自身健康狀況的評比分數分布。在理論上，知道自身罹患重大疾病的人，其對自己健康狀況的評比分數應該低於沒有罹患重大疾病的人。假設測試出來的結果與理論不符，那麼研究者就得捫心自問，這個問項是否真正能夠測量到研究者想要測量的事物了。

類似上述對主觀狀態測量的效度評量測試，應該要例行地進行。實際上，當要進行任何一個大規模調查時，就應該要做到上述所講的評量研究。調查研究學者在評量問項的過程裡所擔負的責任之一，就是去分析關鍵問項和答案之間所存在的預測關係。

用記錄求證

檢核個人記錄

在理論上，對於事實的資訊報導比起主觀的心理狀態更容易求證，但實際上求證並不是件容易的工作。首先，人們會採用調查的主要理由，就是因為在別處不容易蒐集到資訊。特別是對於橫切面（cross-sectional）的抽樣調查

來講，研究者幾乎很難回頭去找到記錄來源，或進一步評斷受訪者報導的正確性。

　　大部分評量「事實報導正確性」的研究，都具有特殊的研究目的，並且本身的研究設計容許去進行調查資料的效度檢驗工作。Cannell 和他的同僚就進行過好幾項這樣的研究。他們事先從醫院釋出的記錄裡，抽樣得到病人的名單。然後訪員到病人住的地方拜訪，進行標準化的訪問。有關醫院相關事件的報導會和醫院的記錄作比對（Cannell, Fisher & Bakker, 1965; Cannell & Fowler, 1965）。Densen、Shapiro 和 Balamuth（1963）；Locander、Sudman 和 Bradburn（1976）；Loftus、Smith、Klinger 和 Fiedler（1991）；Madow（1967）所做的研究裡也有類似的設計。

　　在一個併行設計裡，研究者會藉由警方記錄中所抽出樣本，來評量調查裡的犯罪受害報導。還生存下來的受害者家戶會被選來進行抽樣，訪員會到這些家戶中進行標準化的訪問，而有關犯罪事件報導的正確性，會和警方的記錄作比對（Lehnen & Skogan, 1981）。

　　核對記錄的研究，最適用於了解人們對於報導某些特定事件所表現的好壞，以及被報導錯誤之事件具備何種特性。舉例來講，在 Cannell 所做的住院研究中，受訪者住院超過十次以上者，有低估的傾向。住院期間如果非常短暫，也會被低估（Cannell, Marquis & Laurent, 1977）。在犯罪調查裡，受訪者對於報導發生時間超過一年以上，並且是在其他家庭成員身上的個人犯罪記錄，比起報導事關整體家戶的犯罪記錄，前者的表現較差。

雖然這些研究很有價值，但是能從這些研究中學到什麼，仍然有其限制。最重要的限制是，這樣的研究設計只能夠偵測到某些特定種類的錯誤。假如只有具備住院經驗或受害人經驗的受訪者被抽選，這樣的設計對於偵測低估的情形是很好的（低估：有些已經發生的事情沒有被報導出來）。這樣的設計容許研究者偵測事件細節的正確性，譬如住院期的長短，病人在醫院所獲得的治療情形等。但是，這樣的設計對預測浮報的情況來講卻沒有幫助（浮報：受訪者報導在某段期間內發生了某事件，但事實上卻根本沒有該事件發生）（Marquis, 1978）。最後，記錄不是完美無缺的，記錄也會出錯。因此，植基於記錄比對的調查偏誤推估也會有錯誤。

再者，能夠拿來跟這類研究作對比的事件，可能無法代表研究者感到興趣的所有事件。例如，在全國的犯罪調查裡，研究者有興趣推估受訪者成為受害人的比例。於是他們詢問受訪者在前一年中有關竊盜、搶劫、偷車等受害經驗。不過，大部分車輛失竊案會報警，因為報案跟車子的失竊保險有關。但是相比起來，只有少數搶劫、意圖行竊案會向警方報案。當記錄對比的研究只是以向警方報案的事件為依據時，這些事件事實上無法代表所有的犯罪狀況。會向警方報案的事件，通常的特徵是被害人的損失較大，或者這些事件對被害人其他方面的影響力較大。如果只依賴向警方報案的記錄，那麼對於那些沒有進入警方記錄的類似事件來講，研究者會高估了警方記錄的好處。因此，這類研究的第二個限制是：能夠用記錄加以檢核的事

件，並不能實際代表所有研究者所感興趣的事件（Lehnen & Skogan, 1981）。

這類研究的第三個限制是，大多數研究者要求受訪者報告的事情，實際上無法求證。例如，許多調查想測量喝酒或毒品的使用量。在研究設計上實在是很難提供其他對於這些行為的獨立測量。有些研究當然嘗試過。使用大麻可以從尿液中檢測出來。吸煙可以由唾液和血液中檢測（例如 Abrams, Follick, Biener, Carey & Hitti, 1987; Benowitz, 1983）。不過，很明顯地，這些檢測能夠在調查派得上用場的機會，極其有限。通常研究者詢問受訪者有關其酒精或大麻用量的時間期，會比一個晚上或幾天的時間來得更長。在那些檢測中的受訪者樣本，與他們被訪問時的情境也非常特殊，並不能稱得上是具有代表性的典型調查。

繼續去運用可信度高的外來資料，來比對調查中關於事實報導的品質，是非常重要的求證研究。這樣的研究將作為在第 2 章中討論有關調查測量偏誤的本質，以及減少調查偏誤的基礎。譬如，有關敏感題材的報導中，有一個重要的記錄比對研究是 Locander、Sudman 和 Bradburn（1976）所做的。樣本是從財務破產或酒醉開車被逮捕的公眾記錄中所抽取。這些樣本經過隨機指定，用不同的調查方式來蒐集資料，包括自填問卷、電話訪問和第 2 章裡所使用的隨機回覆技術。這些經歷過某類事件的樣本雖然不具備代表性，卻是具備破產和酒醉駕駛那類經驗的受訪者。所以，一個好的設計，可以檢驗出用不同方式來蒐集敏感問題的相對價值。

不過，這些研究仍然有所限制。能夠實際拿來檢驗的事物還是不多。我們還是需要其他方法來評估資料的品質。

總體的比較

就某些個案來講，是可以藉著比較調查結果跟相同母體的其他獨立總體估計值，而評量調查資料品質。做過了全國性的健康調查，研究者就可以拿調查裡有關一年中住院次數的估計值，和醫院整體住院次數加以比較（Cannell, Fisher & Bakker, 1965）。同樣地，酒精用量的調查資料品質，可以和酒精工業中有關酒精銷售量的資料加以比對。賽馬下注金額的調查資料品質，可以和比賽當局的推估值作比照（Kallick-Kaufmann, 1979）。

這類方法也有其限制。研究者想要問的行為不見得存留著好的記錄。通常我們很難從調查資料和記錄裡，直接創構出可以完全相互對照比較的估計值。缺乏一致性的兩種估計值很難反映出調查報導的品質。

舉例來講，有關醫療照顧的記錄可以和調查的估計值相對照。但是家戶調查卻無法包括看護療養機構的資料。而且在某時間點上所蒐集的資料樣本，也不包含前一年的死亡人口。因此，當計算一年的總值時，醫療看護與住院的訪問資料已經不涵蓋那些已經死亡的人。由於人在瀕臨死亡之際所需要的醫療照顧量極大，因此兩類樣本若欠缺比較的基礎，會對結果的估計值產生很大的影響。

相反的，對賽馬下賭注的人都住在家戶中。瀕死之人

或是住在看護療養機構的人，並不是經常下注者。因此人口調查可以涵蓋那些對賽馬下注的人。實際上，以調查爲基準的合法賽馬下注估計值，與已知的合法賽馬賭注量幾乎完全相同（Kallick & Kaufmann, 1979）。

　　想要比較調查爲基礎的估計值和其他來源爲主的估計值，就必須先問清楚母體涵蓋的範圍，和兩者資料來源的正確性如何。譬如，醫療記錄常用來評估調查中有關健康狀況的報導品質，而既有的發現都一致指出兩者的對應情形並不好。當進一步去分析這些結果時，又了解到醫療記錄關於健康狀況的測量，和調查中有關健康狀況的測量兩者，如果一視同仁的話，同樣存在有許多問題。在調查裡，病人缺乏健康狀態專有名詞方面的知識。更甚者，家戶受訪者會將既有的狀況曲解成不同方式。一方面，醫生在醫療記錄中寫下來的健康狀況並不一致。另一方面，醫生甚至連問都沒有問到病人各方面的健康症狀。因此，在某些情形下，跟調查比起來，醫療記錄是較好的資訊來源。但在其他情況下，例如耳鳴、膚疹、痔瘡、跟其他綜合病痛等，對病人作調查訪問是比醫生記錄更好的資訊管道。

比較問項形式

　　評量問項有個重要方式，就是將同樣的問項以兩種不同形式來問，然後比較其結果。

當測量主觀現象時，答案並沒有對錯之分。但是，當用不同形式的問項去問對照樣本時，研究者會發現問項本身的特性會影響所得到的答案。

Rasinski（1989）報導了一系列用這種設計所做的測試。

例 6.4a：你認為對於那些買不起所需物品的低收入者，我們應該為他們做到什麼程度？

例 6.4b：你認為對於使用社會福利者，我們應該為他們做到什麼程度？

雖然有人可以很容易地辯稱說，使用社會福利者並非全然是買不起所需物品的人，因此這兩個問項並不是問同樣的問題。當兩群可對照的樣本被問到這些題目時，有「社會福利」字眼的題目所得到的答案，比沒有該字眼的問項所得到的答案，其所得之正面回應較少。對此併行問項的設計，Rasinski 認為具有「社會福利」字眼的問項引發了兩項無法分離的議題：人們覺得應該怎樣支持這些缺乏金錢的人，以及對於那些正在享用社會福利者的主觀感覺。

Schuman 和 Presser（1981）用這樣的設計去研究許多問項的特性。例如，他們發現當「不知道」選項很明確地提供給受訪者作選擇時，受訪者選擇「不知道」的傾向，要比沒有「不知道」選項時來得強。

Schuman 和 Presser 用僅改變遣詞用字的併行問項作了無數的實驗。他們的研究辨認出一些像社會福利問項般改變了問項意義的例子，但也發現有的問項並不因為改變用

字而在意義上有所轉變。例如，雖然有人事先可能認為墮胎的語氣較強，但作出來的結果顯示「動手術來終止懷孕狀態」在意義上等同於「墮胎」。

研究者也用這樣的設計去檢視次序效應（order effects）。有的問項會影響緊接在後的問項意義，但是有的不會。事實上，像這樣將問項次序用不同方式排列的分卷式設計（split design），已經用來評估前置問項怎樣影響到特定問項的實際意義。

測量主觀現象研究所引發的基本問題是，到底兩種問項是一樣的還是不一樣的。假如回覆的分布有所不同，那麼這兩個問項是由不同的刺激所建構。當然，以其彼此的相關情形來看，他們有可能還是同樣有效的測量。但是假設缺乏比較的基礎，他們是無法互換的。

當問項用來測量客觀狀況或事件時，答案就有對錯之分。當問項的併行形式所得到的結果不一樣時，很顯然地，這意味著至少有一個問項的測量有問題。

以有關事實問項的併行形式來問問題時，在理想上，研究者應該具備比較答案好壞的基準。假如調查報導能和可信賴的資料來源加以比對，那麼直接的評估是有可能的。但是在直接求證無門的情況下，有時候我們會有些依據可以決定選擇那一種分布最好。以找醫生看病、慢性病狀況和住院的報告為例，Cannell 與其同僚發現低報次數常是最嚴重的問題。因此在其不同的資料蒐集過程和問項設計裡，Cannell 運用的準據是，能夠使報告這類健康事件產生較多次數的問項設計，可能就是最好的設計；也就是說，這類

問項所產生的偏誤較少（Cannell, Groves, Magilavy, Mathiowetz & Miller, 1987; Cannell, Marquis & Laurent, 1977; Cannell, Miller & Oksenberg, 1981）。

在一項有關健康的研究中，預試結果顯示一道運動問項有低估情形出現，因為有些受訪者將走路從運動答案裡剔除。另一道新問項則特別告訴受訪者要將走路包括進去。新問項經過測試後，發現報導自身運動的比例明顯地增加。依照對於原始問項的診斷和我們設計第二道問項的情形來看，第二道問項相對而言，比較能產生出有效的資料，這證據是很明顯的（Fowler, 1992）。

在缺乏確切資料的情形下，要很小心解釋意義上的差異。「比較多」不見得就代表「比較好」。以 Anderson、Silver 和 Abramson（1988）所做的研究為例，Anderson 並未評估問項的遣詞用字。她是評估資料中的訪員效應。她發現在政治調查裡，跟白人訪員比起來，黑人受訪者更容易告訴黑人訪員說，他們在上一次的選舉中投了票。

在缺乏其他資訊的情況下，有人會下結論說，回應黑人訪員所做的報導會比較好。假如有人考慮過答案裡的社會可欲性的話，應該不會訝異地了解到其實相反的結論才是正確的。當投票行為和公共記錄比對時，可以發現投票有浮報現象。對白人訪員所稱的投票與否實際上才比較真確。當兩種估計值不同時，假如沒有針對量化資料作檢核，就妄加推論某種方法最好，這樣的推論是非常危險的。如果僅靠著結果不同就要作「某問項比另一個問項要好」這種結論，這樣的結論最多也只是暫時性的。

用一致性作爲效度指標

一般而言，在不同時間所獲得的答案一致性被認爲是信度的指標。不過，效度被信度所箝制。假如所給的答案前後不一致，它也一定意味著效度有問題（注意，反之非然：答案一致並不表示其答案具備效度，Nunnally，1978）。

有兩種主要方法可以測量調查答案的一致性：

1. 詢問相同的人兩次同樣的問題。
2. 詢問不同的人同樣的問題。

顯然地，假如我們確定所要描述的事物實際上是相同的，那麼如果產生不一致的現象，就可作爲無效報告的表徵。

> 舉例：受訪者在訪問期間被詢問有關投保健康保險的事項。一星期之後同樣的受訪者又被問到有關健康保險的問題。由於健康保險很少在一星期內會有巨大改變，因此在這項目上答案的前後不一致，意味著這兩個答案中可能有一個是錯誤的。事實上，這項題目上的不一致所建構的是非常保守的誤差估計。因為受訪者可能會回想最初所給的答案，而使得受訪者傾向給重複的答案。
>
> 舉例：同一家戶的兩位成員被訪問。訪問中涵蓋有關

家戶特性的共同題目，例如家庭大小、全家收入、有關受訪者自己和其他家庭成員的健康保險項目等。結果有不一致的現象發生，就表示這兩位中有人答錯。

有的研究評量代理人報告（proxy reporting）的品質。每當自我報告和他人關於自己的報告有牴觸時，這些研究通常都假定自我報告較為可信（Berk, Horgan & Meysers, 1982; Clarridge & Massagli, 1989; Groves, 1989; Hauser & Massagli, 1983）。

一致性是獲得效度訊息的重要方法。有關一致性的訊息比較容易蒐集。就測量資料品質而言，「再度訪問」是個容易理解卻較少使用的策略。雖然有時候對於資料的解釋會有些問題，不過這類研究在整體評量問項答案效度的方法裡，仍然佔有一席之地。

結論

無疑的，當讀者閱讀到這裡，一定會興起一種感覺，那就是評量問項的效度不是一件容易的事。這樣的結論是正確的。本章所討論過的每一種評量問項效度的方法，無論是就能夠用以評量的問項種類，或是就能夠達成結論的普遍性來講，都有其限制。不過，最重要的是研究者只要能夠做到，就必須繼續致力於調查報告品質的評量工作。

儘管各種方法皆有其缺憾，但是經過研究者的努力確認，其結果將爲調查品質提供重要證據。這些結果將刺激研究者繼續改進測量品質。同時，這些結果也將提醒調查資料的使用者，不僅要適當地使用調查資料，並且得注意調查在測量上的限制。

　　檢視重要變項之間相關型態的研究，通常可在調查分析的情境下做到。這類的評量分析應該成爲任何調查計畫的例行性工作。此外，本章所談其他特定目的之評量方式，也可以納入許多調查計畫裡。不論是併行式問項設計，調查中某些選項答案與現行記錄之比對，還是總體估計方式，都能幫助問項評量綻放光芒。雖然有的時候，所得到的評量結果可能很模糊，但是這些結果總是能夠不斷刺激研究者學習和理解，而學習和理解本身就是做研究的重要目標。

7

問項設計與評價：回顧與結論

　　調查資料的品質優劣，取決於資料蒐集對象的樣本大小和代表性、用來蒐集資料的技術、訪問的品質、有沒有透過訪員來訪問、問項符不符合良好的測量標準等等。方法學者有個概念叫做「整體調查設計」（Groves, 1989; Horvitz & Lessler, 1978）。這種設計指的是：在決定調查設計的時候，要有一種著眼於所有誤差來源的視野，而不要只顧到單一來源。調查資料的品質問題，不會比方法學上最糟糕的面向樂觀到那裡去。

　　Sudman 和 Bradburn(1974)檢視過調查裡的誤差來源，最後下結論說，調查估計中最主要的誤差來源，或許就在調查問項的設計上面。Fowler 和 Mangione （1990）檢討該用什麼策略來減輕訪員對資料的效應時，也總結說「問項設計」是盡量減低資料上出現訪員效應的一道最重要途徑。此外，雖然調查設計經常會牽涉到重要的優先次序取捨，

改善調查問項的設計和評估，仍然是調查過程中最經濟的成分之一。調查過程中可以大量增加樣本數，或者明顯提升回覆率。跟這些措施所要求的成本比起來，改善問項是很有效率的。因此，從整體調查設計的角度來看，在問項設計和評估上多下一點功夫來改進，是最划算的投資。這種功夫最可能生產出理想的成果，也就是品質更好、錯誤更少的資料。

本書已經討論了許多會影響到問項測量品質的議題。這些議題有大有小。我們在最後這一章裡，試著來摘錄下幾個重點，進一步確認那些是該注意的最重要議題。

有關事實的問項

設計來測量事實和客觀事件的問項當中，幾乎可以確定下面這一點問題最大：沒有辦法從問題的目標發展成可以供人作答的一組問項。問項經常只是在覆述問題的目標，這點缺失太常見了。

關鍵性的原則，相當單純而直接：

1. 問一些對方答得來的問項。
2. 要確認所有關鍵性的用詞和概念都經過清晰界定，讓受訪者知道他（她）們回答的是什麼問題，也都是在對同樣的問題作答。
3. 提供恰當的問答前後關聯，讓受訪者從中明瞭，透過正確作答才是符合他（她）們利益的最佳途徑。

關於透過訪員訪問的調查方面，還有一點要進一步提醒。應該注意在訪問的時候，調查工具（問卷）同時也是互動的一個草約。留意一下問項之間的關聯順序，以及受訪者對先前問項的作答方式，都會影響到隨後的問答過程。訪問的時候多用心注意這些細節，可以發揮關鍵性的作用，藉以提升資料蒐集的標準化，並且讓訪問成為一種正向而積極的蒐集資料經驗。

測量主觀狀態

對測量主觀狀態的設計者來說，最首要的問題在於界定目標，就像設計客觀現象的測量問項一樣。對「所要測量的是什麼」加以清楚說明，在問項設計上是解決許多問題的一道關鍵。最常見的作法，是透過對目標測量作詳細說明時，在形式上要把受訪者本身，或者受訪者對其他事情的看法，置於某個連續量表上。

一旦將目標敘述清楚，主觀性問項有下列三項關鍵性的標準：

1. 問項的用詞要清楚，讓每個人都是在回答同樣的問題；
2. 答覆的作法要設計得適用於特定問項，多數人執行起來也要相對地容易；以及
3. 要把答覆的選項設計得均衡，讓那些實際上答案互異的受訪者，可以妥當地分布在各個答覆的選項上。

除了這些基本原則之外，還值得盡量讓問項的答案測量，能夠涵蓋到所有受訪者，而不只是其中一部分人。對問項加以小心檢查、測試，找出那些潛在的附帶問題，把它們設計成有意義的問項，都可以大幅改善調查測量的品質和效率。在人格測試的傳統作法上，當測試者可以包含一系列特別的問項時，放入一些項目來蒐集有關小部分受訪者的有用資訊，或許會有價值。但是給受訪者的負擔有多重，在一般調查是個主要問題，值得特別注意。雖然多項目的測量可以明顯改善測量過程（特別是在主觀現象方面），調查者還是有責任減輕受訪者的負擔，並且盡量用有效率的方式，把人在連續量表上妥善定位。用 20 或 30 個項目量表問來的答案，其中所蘊涵的資訊，一定也可以透過這些項目當中的一小部分來加以複製，前提是這些項目要經過仔細篩選出來。就這個例子來說，篩選出一些項目，讓我們對每位受訪者都能夠獲取最多資訊，就是進行這類測量訪問最有效，也的確是最合倫理的方式。

　　最後，要受訪者在量表上把一些要評比的項目，或者對自己或其他事物加以選擇定位，而不是用「同意－不同意」的格式，幾乎必然會提供更好的測量。不論是從簡化作業的觀點來看，或者考量到可以從每個問項得到多少資訊，這種衡量方式都比較有效。

測試問項

　　在任何調查工具的發展過程當中，透過焦點團體、團

體討論、認知訪問、實地預試（包括把訪員和受訪者的行為加以過濾）等等，都應該是標準的作業內容。

調查問項的評估，有下列三項最重要的前提：

1. 問項需要一致性地讓人理解。
2. 問項需要採用人們可以執行的作業方式來施測。
3. 在用到訪員的時候，問項必須構成一個合適的草案，讓訪問得以標準化。

這些目標看起來本身就顯然很值得注意，因此也就令人難以相信會有調查問項不符合這些標準。但是很多調查問項的確是不符合標準。有個研究從政府和學術調查問卷中抽取 60 個問項來加以檢驗，結果發現顯然有大部分問項不符合上述這些基本標準當中的一項或一項以上（Oksenberg, Cannell & Kalton, 1991）。平均起來，所有調查問項當中有三分之一以上會因為訪員的緣故，明顯地影響到調查的結果（Groves, 1989）。另外，有些明確的證據指出，那些需要由訪員追問、澄清的問項，最可能受到「訪員」這項因素所影響（Mangione, Fowler & Louis, 1992）。

認知訪問和行為編碼的實地預試，都針對問項所蘊涵的問題提供可靠、可重覆的資訊。透過這樣子指認出來的問題，可以加以修正，所得到的成果就是更好的資料（例如 Fowler, 1992; Oksenberg et al., 1991; Royston, 1989）。

還有些事有待努力，把這些程序修訂得更精緻。在有關問項的問題上發展出更好、更清楚的標準，進而改善一

些概化的原則，讓我們更了解如何解決從這些過程所發掘出來的一些問題。但是學習者和研究者應該掌握到一點重要的事實：跟問項有關的最糟糕問題當中，有許多是可以藉由單純、不正式的試測就找得出來。把這些問項拿來試著問問朋友、父母、或子女。要他（她）們回答一下測試的問項，然後用敘述的形式，談談他（她）們是怎麼樣來理解這個問項，又是如何想出這個答案。雖然嚴格、例常性的測試對於調查科學的精進不可或缺，只要研究者採取一些步驟，嚴謹地評估人們如何能夠一致地了解、回答他（她）們的問項，這種作法還是會導致更好的問項和更好的測量。

評估問項的效度

在 1970 年左右，Robinson 和同僚將研究成果加以出版，評估跟社會心理狀態和政治態度有關的一般調查測量（Robinson, Rusk & Head, 1968; Robinson & Shaver, 1973）。那些書揭示了一項令人汗顏的事實：一些常見的問項可以怎麼樣扮演好測量的角色，一直沒有人太注意去仔細評估。

二十年後，總算有了一些進展。一本由 Robinson、Shaver 和 Wrightsman（1991）所寫的近作，涵蓋了跟早期那些著作相似的主題範圍。書裡面列出了比以前多得多、經過仔細評估的標準測量項目。McDowell 和 Newell（1987）回顧了有關測量健康狀況和生活品質的常用項目，同樣發現已經做過的研究當中，有些令人激勵的趨勢，尤其是最近發

展出來、在測量方面的研究。Stewart 和 Ware（1992）最近出了一本書，書中提供了一項典範，可以用來有系統地發展有關重要健康概念的一些測量。

有個趨勢越來越清楚——有必要針對問項的有效程度作研究，尤其是在用到量表和指標的時候。有些測量的項目在經過確認之下，就彷彿是一種絕對狀態，就好像把「神之賜福」當作是絕對狀態一樣。效度是指一個測量問項和所要測量的目標之間，相互吻合到什麼地步。有些測量項目可以有效達成某種目的，卻不一定適用於其他目的。例如有些項目用來測量團體平均值，以及評量團體效應，都很有效，可是用在個人的層次上就十分不恰當（Ware, 1987）。對一個特定人口群所作的效度研究，可能不能推論到其他群體。Kulka 等人（1989）的著作報導了一組問項，用這組測量精神壓力的項目來區別有精神疾病的病人，可以非常清楚地把這群病人跟一般人口區分開來。但是把同樣這些項目拿來用在一般人口的樣本中，想要在個人層次上，檢驗跟單獨作的心理問題臨床評估有什麼關聯時，所得到的關聯性卻很差。

擺在眼前還有兩類挑戰。第一，我們需要繼續鼓勵研究者，例常性地從各個角度來評估他（她）們測量程序的效度。第二，我們尤其需要發展出一些清晰的標準，用來衡量在各種特定的分析目的上，所謂的效度指的是什麼。

小結

再回到「整體調查設計」這個課題。不論樣本數有多大、代表性有多高，也不論在資料蒐集上花了多少錢、答覆率是多少，從調查所得到的資料具備什麼樣的品質，總是不能超越所問的那些問項。在 1951 年的時候，Stanley Payne 把他的經典著作取了《問問題的藝術》這樣子的書名。我們現在知道我們可以做得更高明。雖然我們當然希望「設計好問項的原則」，可以在數量上和專門領域上有所增長，本書所列舉說明的這些原則，還是構成一個良好、有系統的指導原則核心，可以指引如何撰寫優良的問項。此外，雖然評估的程序也會隨著時間不斷發展、精進，認知測試、良好的實地預試、恰當的效度分析，都提供了若干科學、可重覆應用、量化的標準。這些標準可以用來衡量在問項設計上所下的功夫，到底成不成功。簡短地說，調查研究發展到這個地步，再也沒有藉口把問項設計當成一種藝術層面上的努力。問項設計應該給當成一門科學。

很可惜，研究者以一種隨便的方式來設計問項，而不符合妥當的標準，這項積習由來已久。此外，我們看到過去五十年來，大量社會科學和醫學上的研究文獻裡面，都包含了一些很糟糕的問項。有時候為了要長期記錄變遷，或者為了要把新的結果拿來跟舊的研究作比較，而不得不保留那些不良的問項形式。這樣子做不是沒有道理。可是不斷地使用這些劣質的測量項目，不管這些項目的傳統有多麼豐富，大概對科學大業都不會有什麼助益。長期來看，

使用的調查問項，經過仔細、有系統的評估，而且符合在本書闡明的這些標準，最能符合科學的真義。有些事待完成，好讓研究者加入一些必要的預試和問項評估程序，來確保他（她）們的問項是良好的。這種過程逐漸為人採用，也希望本書可以作出貢獻，讓問項設計和評估過程得以更進一步發展、改善。

附錄 A：通常使用的測量向度

　　本節評論通常拿來測量主觀和客觀現象的問項。我們將就其一般方式，給予批判評估。

1.　測量次數；
2.　測量數量；
3.　測量感覺；
4.　回答評估問項；
5.　測量滿意感；
6.　評定同意或贊成的程度；
7.　測量優先性；
8.　處理回答「不知道」的人。

　　顯然，最佳的問項是取決於研究脈絡，以及研究者所試圖做的是什麼。有用的步驟之一，是觀察其他研究者如何測量這個向度，或者如何解說這些議題。這樣作法一直是個好習慣。但是，附錄 A 和附錄 B 的目的，在協助讀者從各種可能使用的不同問項中，去加以思考並選擇。

測量次數

當然，詢問人們有關他們做一些事情的次數，是調查研究中最常見的任務。受訪者會被問到消費酒類、使用大麻、前往銀行、食用肉類、看醫生、發生性行為這些行為的次數。

不妨考慮以下一組回答類別：

一天好幾次
幾乎每天一次
一週好幾次
大約每週一次
每月兩三次
大約一個月一次
每個月不到一次
一年好幾次
一年一次或更少

這個量表的回答種類涵蓋了相當廣的範圍，在這量表中那些類別合適，當然要看所問的是什麼。對人們可能經常做的事情，例如吃或飲用一般的食物，就可能採用量表中屬經常發生的一端。而量表中其他的部分就可能適合於像看歌劇或看電影的娛樂活動。指向如此回答任務的問項，其根本問題在於對規律性有某種假定。縱然某些類別的行為本身就有其規律性，可是不規則可能是更加尋常。再者，

縱然就人們規律呈現的活動，如上教會或飲用酒類，有些人的行為模式還是比較不穩定。

一般而言，次數的測量最好是要求人們評估在特定時間內所實際做過事情的次數。至於時間的長短，會因所測量的行為而有所不同。

例 A.1：在過去十四天內，您飲用任何酒、啤酒或烈酒的日子，共有幾天？

例 A.2：在過去三十天裡，您曾經連續運動至少二十分鐘的日子，共有幾天？

例 A.3：在過去十二個月，你因病住院過一夜或更久的情形有多少次？

對短時間的問項，最重要的批評是，這段時間缺乏代表性。因此，假如過去兩週並不典型，受訪者就不能好好被歸類為像是嚴重或輕微的飲酒者。另一方面，要求人們報導行為的次數，縱然只是估計，也解決了如下的問題，就是在人們的行為上強加以某些規律或模式。

另一種處理次數的方式或許如下列所顯示：

很經常	經常
相當經常	有時
偶而	很少
很少	從不
從不	

上列回答量表比起數字的回答，多少是更難以解釋。要求受訪者報導某一特定時間內的次數，極大的好處便在於避免了對什麼是「經常」在定義上有所歧異。受訪者對「經常」的概念不一樣，他們的回答就會有所不同，而不是因為他們的行為不同。不過如果所問的問項似乎不必顧及次數，並且其目的在將人們分成非常廣泛的類別，上述問法或許可以運作良好。

當問題包含著兩種會變化的事物，就特別難以問出次數。例如，如果我們想知道看電影時吃爆米花的情形，其絕對次數是一個人看電影的次數，乘以購買爆米花次數所佔的比率。對這樣的問項，比率式的問法可能最好，例如：

總是	幾乎總是	總是
經常	超過一半以上	經常
相當多次	大約一半	偶而
有時	少於一半	很少
很少	很少	從不
從不	從不	

以上三種量表都是用來測量次數或事件比率的途徑，它們也可以是將痛苦和疲勞這類感覺予以數量化的正確方式。根據發生次數的比率，談論人們涉入痛苦或感覺疲勞的情形，比起問他們有多少天感覺疲勞，也許是更好的方式。同樣的，假如依據次數詢問一位學生他多常做家庭作業，比率或許是正確的詢問方式。

以上作答方式上的幾項差異，值得我們注意。

1. 採用學術傾向測驗的人們，被教導少用「總是」和「從不」來回答。對某些問題，「總是」或「從不」事實上是研究者想要區辨的合理答案。「總是」實行生育控制跟「幾乎總是」不同，這點區別很重要，「從未」昏倒也跟「很少」昏倒非常不一樣。
2. 運用次數比率的量表，例如一半以上的時候或不到一半的時候，比起其他的量表，或許多少比較不受到在形容用語解釋上的個人差異影響。可以數量化的量表比起單純依賴形容詞的量表，也在不同語言間的翻譯上較為有利。
3. 次數量表在界定中間或中介類別上，增加了某種困難。「經常」或「總是」置於正向的一端，「很少」和「從不」置於負向的一端，這種用法界定良好而且一般都容易了解。像「有些時候」、「相當多次」和「相當經常」等用詞，對在一條續譜上的中點而言，是比較難以處理。以上量表在處理這樣的問題上，算是不錯，但對調查研究者而言，在量表中點或中點前後的次數續譜上予以標記，要能做得適當，一直是不斷的挑戰。

測量數量

許多調查問項也嘗試測量數量或大小。典型的例子是，

「您有多大的問題？」「您受某一事物影響的程度如何？」
「您有多關心？」兩種平常標示由大到小續譜的數量，所
用的方式是：

很多／相當多	大
一些	中等
只有一點	小
一點也不	一點也不

　　結果是，很難將數量的續譜分成多於四類的形容詞，
我們可以在「小」與「一點也不」之間加上「很小的問題」。
我們也可以加上「幾乎一點也不」。但是四或五個形容詞，
已經是能夠用的上限了。
　　主觀的數量感，適合於以數字形成量表的測量。

　　例 A.4：設想從 0 到 10 的量表，8、9、10 意味著很大
　　的數量；0、1、2 意味著一點或都沒有；而 3 到 7 意味
　　著居中的情形。以您過去一個月所經驗過的痛苦而言，
　　您會給予什麼樣的數字？

測量感覺

　　另一項用在人們身上最常見的調查工作是對受訪者的
感覺，從正的一端到負的一端予以評等，測量感覺的一般

量表如下：

很正面的
大致正面的
很難說：大約正面與負面相等
大致負面的
很負面的

另外的方式是從「喜歡到不喜歡」的量表：

很喜歡
喜歡
大致滿意
很難說
大致不滿意
不喜歡
很不喜歡

另外兩種以目視協助的方式，呈現在圖 A.1 和 A.2。

圖 A.1　以臉型測量感覺

以下有著表示不同感覺的臉型，在每個臉型下都有個英文字母。

那一個臉型最能代表您的感覺？　_____

資料來源：Andrew & Whithey（1976），經同意轉載。

圖 A.2　使用感覺溫度計以測量感覺

溫暖	100	_____	非常溫暖或喜好的感覺
	85	_____	相當溫暖或喜好的感覺
	70	_____	大致溫暖或喜好的感覺
	60	_____	有點溫暖或喜好的感覺（比起冷淡的感覺）
	50	_____	沒有一點感覺
	40	_____	有點冷淡或不喜好的感覺
	30	_____	大致冷淡或不喜好的感覺
	15	_____	相當冷淡或不喜好的感覺
冷淡	0	_____	非常冷淡或不喜好的感覺

資料來源：Andrew & Whithey（1976），經同意轉載。

　　以上各種方式都曾經在許多調查中使用過，Andrew 和 Whithey（1976）對測量人們感覺的不同方式做過系統的評估。他們的結論是，從很喜歡到很不喜歡的量表，根據其一般的效用和其他的心理計量特質（例如人們在這量表所顯示的分散程度，以及建構效度評估的結果），是最好的。

不過臉型以及十點的溫度計都經證實幾乎一樣好。而這兩種量表最大的好處在於，它們都不依賴形容詞。因此，雖然很喜歡到很不喜歡量表的優點，或許在於它是有效的方式，量表的點數可以藉著用詞，一致傳遞給人們，缺點卻是難以在不同的語言間翻譯。很喜歡到很不喜歡的量表，用於電話訪問會顯得冗長，而臉型與溫度計量表則需要受訪者能接觸目視的刺激物。當然，數字量表，例如從 1 到 10，即使沒有目視物的協助，也可以用以測量感覺，就跟可以用來測量數量一樣。

最後要提醒的是，有關使用數字量表測量感覺的次序問題。雖然在續譜上的每一點無需界定，但界定中點（就是正向的感覺轉向負向感覺的地方）可能是重要的。這可以用形容詞來表達，就像在感覺溫度計所呈現的那樣。另外一個方式，是讓人們在-5 與+5 之間，包含 0 點，加以評等，這 0 點顯然就是正向感覺轉往負向感覺的中點。

詢問評價性問題

以上所列舉的感覺問項，是用在要求人們對某些事物的感覺加以評等時。本節的問題，則是用在要求人們對某些事物加以評價時。二者可能相關，但並不等同。

最常使用的評價量表是：

特優
很好

好

還好

不好

另外一樣經常使用的是 0-10 點的評等量表，10 是所有可能最好的情形，0 是可能最壞的情形。特優到不好的量表很容易使用，因為人們對這些用詞相當熟悉，不難記住。缺點在於只有五個類別，而對許多評等的情形，結果往往是人們傾向於選擇量表偏正向的一端。因此，採用有更多點的評等量表，有它的好處。我們很難設想在好和特優之間，還可以添加什麼形容詞，讓答項有其意義而又不顯得重複。就因為這一點，對許多評等任務而言，由 0 至 10 點的數字量表，事實上是比較受到偏好的方式。

測量滿意感

雖然兩者經常讓人認為有高度關聯，但是測量滿意感，在概念上跟評估的測量不同。理論上，滿意感所反映的是個人所欲者與所得者之間的關係。

很滿意	完全滿意	全然滿意
大致滿意	相當滿意	略不滿意
有點不滿意	很難說滿意與不滿意	有點不滿意
很不滿意	相當不滿意	很不滿意

完全不滿意

　　我們對第一組量表會有所質疑，因爲其用詞並不對稱。不過，以滿意爲標記的問題是，有點滿意也許帶著負面的意味。「大致滿意」幾乎可以確定，是比有點滿意更爲正面的陳述，並且第一個量表可能比起將「有點滿意」放在第二類的情形更爲對稱（如果不是在語言上，至少是在認知上）。

　　我們也必須注意，我們沒有理由說，中間爲 0 點的續譜，其中點兩側的形容詞都需要是對稱的。我們的目標是，發覺能一致地陳述續譜上不同點的形容詞。要抓住滿意感的特徵，或許最好是在中點的兩側使用略有不同的形容用語。

　　至於中點是否必要，又是另外一個問題。概念上要在滿意與不滿意之間保持平衡的想法，對某些情形或許是不正確的。未能達到完全滿意或未能確確實實達到個人所要的，就是偏離了完美。以下可能是個好例子。我們只是單純的以越遠離「完全滿意」來標示不滿意的程度。如此的取向則導致了以上最右側的回答方式。

　　最後，研究者必須謹慎思考以下的可能性：也就是受訪者可能不在乎他們生活中的某些方面。有關滿意感的問題，應當只用在詢問受訪者有所接觸的，以及他們有所期望的事物。例如，如果有人總是步行上班，要評量他對停車空間的滿意程度，可能沒什麼意義。如果我們沒有理由設想所有的受訪者對某一事物有所期望，那麼比較好的方

式，是要求他們進行評等，而不是要求他們報導滿意感。

評量同意感

完全同意	很同意	完全真實
大致同意	同意	有點真實
大致不同意	不同意	有點不真實
完全不同意	很不同意	完全不真實

我們在第 3 章裡，討論了在單一量表上結合感覺和同意的「強度」有多複雜。縱然在上列中間那一組答項所呈現的形式也許是最常使用的，我們卻有很好的理由避免使用這種特定的方式。上列另外兩種形式著重在詢問的認知層面，都更能夠證明是令人滿意的測量。不論是偏好以「真實」的用詞方式回答，還是以「同意」的用詞方式回答，都要看我們所要求的是評估的工作，還是認知的工作。如果問題在於「個人偏好」跟「所給的陳述」有多契合，那麼同意的用詞是更有道理的。要是問題在於「個人的知覺」跟「特定的陳述」有多麼接近，那麼正確的向度應該是對真實性的感受。

我們應當重述第 3 章同樣那一節裡的兩點注意事項。理論上，是有著中點，人們對同意與否，完全猶豫不決。許多研究者提供一個中間類別（很難說，既不是同意也不是不同意）。這樣的類別正投某些受訪者所好，但是強迫受訪者有所抉擇，可能也沒什麼壞處。此外，中間類別往

往成爲對某一問題缺乏資訊，而提不出意見者的逃避藉口。這些人不同於難下決定者，應當以一道過濾問項區分開來，而且也不應該視之爲在同意與不同意者之間的中間類屬。

測量優先性

研究者經常想測量優先性，很明顯的一項測量就是要求人們對一些不同的選擇加以排序。

例 A.5：以下是一組人們所關心的問題，您認爲那一項最重要？
a. 減低街上的犯罪
b. 減輕空氣污染
c. 提供工作機會給需要的人
d. 提供健康照顧給需要的人
e. 減輕中央政府所得稅

受訪者可以按照要求，依次說出最重要的、其次重要的等等。如果調查是以面訪或自填問卷進行，也可將各答項依 1 到 5 加以排序。

例 A.6：設想一個 0 到 10 分的量表，8、9、10 意味著最優先，0、1、2 意味著最不優先，而 3 到 7 是介於中間。就（每一答項）的優先性，您會給什麼樣的分數。

第二種答項方式對受訪者來說是比較容易，特別是在電話訪問的時候。就定義而言，排出等級序列，並未給予我們資訊以了解受訪者對某一答項的關心程度。理論上，受訪者可以認為評定最高分的項目並不重要，而最低評分的答項卻非常重要。以評等的方式所得到資料，可以產生平分的情形，所有的答項都可以給予 10 分；不過從受訪者團體所獲得的平均數，通常會產生排序（如果這樣的結果是重要的話），而且一般來說，多重評等的方式在受訪者較不費力的方式下便提供更多資訊。對大部分調查而言，這可能意味著較佳的方式。

處理回答「不知道」者

在調查中所問的許多問項，所得到的「不知道」答案，似乎並不是合理的答案。當受訪者回答「不知道」的時候，所意味的回答方式，經常代表他們對某一課題並沒有想得很多，或者他們在好幾個回答的可能中，不能確定那一個最合適。在如此情況下，研究者可能偏向要求受訪者再努力一點，並浮出答案。

當問到受訪者他們的感覺、意見或對外在事物（公共政策、政治人物、制度）的評估時，我們似乎可以合理地認為，他們缺乏足夠詳細的訊息，而不能提供評量或提出意見。當我們有理由認為一個人的確所知不足，而不能回答問項時，如果能夠發展出明顯的策略來過濾這些人，對研究者而言，會是最好的方式。

有兩種方式可以應付這樣的問題。第一，在意見問項之前，可以先問過濾問項。

例 A.7：以下問項是有關 1978 年的農業貿易法案。您覺得自己對這項法案夠熟，而有自己的意見嗎？
另外的範例 A.7a：想到 1978 年的農業貿易法案，您認為您大體而言是贊成這項法案，反對這項法案，還是您對這項法案不夠熟悉而不能提出意見？

以上兩種過濾受訪者的方式，比起未考慮「不知道」的可能性，有著兩項實質好處。首先，兩者都明顯體諒說，某些人或許不具足夠的訊息來回答問題，如此使得受訪者容易承認自己的無知。更重要的是，如此一來界定了特定的過程，讓受訪者本身去決定自己有沒有足夠的資訊來回答問題。如果不確實努力去辨識那些對特定課題不熟悉而無法答題的人們，訪員和受訪者就不能明確而一致地掌握「受訪者應不應該嘗試回答問項」（例如，Groves, 1989）。提供明白揭示的過程，增進了測量過程的標準化。

例 A.8：以下的問題將請教您對您所居住市鎮學校的看法。您覺得您對這些學校的認識足夠讓您就這些學校提出看法嗎？

如此明白揭示的過濾問題，跟在問題中列出「無意見」答項的作法比起來，有一項缺點，就是受訪者不知道接著

會問的是什麼樣的問題。我們很容易想像說，一位受訪者可能對學校的某些方面會有他的意見，但是在回答上述問題時，會回答「不熟悉」（Shwartz & Hippler, 1991）。儘管對農業貿易法案的一般性過濾問題，的確是合理過濾受訪者的方式，不過，就許多目的而言，在答項中包含「不知道」的選項，或許允許受訪者在有比較多訊息的判斷之下，決定他們能不能夠回答問項。明白揭示「不知道」的選擇，有點不利的地方：選答不知道的情形會增加。也因為如此，對回答方式的性質作事先分析相當重要。假如詢問受訪者的是他們的第一手經驗，盡量減少未回答的問題、「不知道」或其他答法，是合理的。但是另一方面，當請教受訪者對他們直接經驗以外的事物表示意見或知覺時，「不知道」的選項是可能而有意義的答案，而不是缺失值，並且最好是以明示的標準化方式得到這項答案。

結論

人們設計調查工具時，參考其他有經驗者設計調查問題的方式，總是有其道理的。在美國主要的兩項參考來源是國家意見研究中心（National Opinion Research Center）的一般社會調查，以及密西根大學的政治學聯合會（Political Consortium）所收藏的各種調查。此外，不論一個問項使用過多少次，不論是誰使用過，都需要接受評估。它們都應該在調查進行前仔細評估，所得到的結果，也需要從測量效度的觀點來加以評估（見第 5 章和第 6 章）。

附錄 B：一般共同變項的測量

　　在大多數調查中，研究人員都蒐集有受訪者的描述性資訊，可以用以表列答項。最常使用的一些變項如：

1.　年齡
2.　性別
3.　婚姻狀況
4.　就業狀況
5.　社會經濟地位（教育、收入、職業）
6.　宗教偏好或隸屬
7.　種族或族群背景

　　我們在本附錄就是要討論詢問這些受訪者特徵的不同方式。再次聲明，我們的目標不在為所有的調查規定出正確的問項，而是提出一些議題，討論如何用最好的方式去測量研究者考慮的這些特徵。

年齡

問這個問題的最直接方式可能是:

例 B.1:您的年紀多大?
例 B.1a:您幾歲了?

評論:這些問項可能的模糊點,是有關約數的問題,有些人可能會以他最近的一次生日來報導自己的年齡。一項常見的別種問法是:

例 B.1b:在你前一次生日時,您年紀多大?

人們經常在被問到年齡時,取一個相當的約數,而且答案有著聚在某些約數的情形,例如 5 和 10 之類的。這意味著有些人偏好就自己的年齡給個近似的數值,而不是給個確切的數字。因此研究者喜歡採用另一種問法:

例 B.1c:您是那一年出生的?

對上列那些問項,研究者顯然必須計算年齡。「請問您在什麼時候出生?」的問項則需要計算確實的年齡。最後,的確有些受訪者對他們的年齡敏感,而寧願以一般的類別來回答。如果研究者只有意以較粗的類別來分析受訪者,就應當以這種方式詢問。

例 B1.d：你的年齡是屬於下面那一組：30 歲、30 到 44 歲、45 到 64 歲或 65 歲以上？

性別

這可能是調查研究中最為直接的問項了。其類別清楚而且是互斥的。幾乎所有受訪者都有著明確的答案。

例 B.2：您是男性或女性？

這特定的問項，避免了與男人、女人、男童、女童所引起受訪者年齡的互動。有關這問項的唯一問題是，訪員認為這是明白可見的，而難以啟齒。但事實上並非如此。在面訪中，是由訪員直接觀察便記錄下來，而不必經過詢問。但是在電話訪問裡，雖然大多數訪員經常認為他們知道受訪者的性別，有時候卻不能肯定。以上的遣詞用字跟其他任何問項都一樣的好。

婚姻狀況

例 B.3：您目前是已婚、離婚、喪偶、分居、還是一直未婚？

以上是我們將要討論的幾個問項之一，這些問項看似

直接了當，但事實上卻呈現了一些可能重要的問題。

一項問題是，人們在著手解除或結束婚姻的方式上有其變異。有些人已經離婚，有些人取得合法的分居，有些人則只是暫時分離而已。另外又有些已婚夫婦認為自己的婚姻成功，他們暫時分開居住，卻不認為自己是「分居」。

「從未結婚」是比單身更好的用詞，單身經常用於這些問項中。有些調查研究者回應著以下的事實，就是某些人住在一起，在各種方式上都類似已婚者，不過尚未正式結婚；因此便多加一個答項。將這項類別加在可接受的「婚姻地位」中，解決了如何將這些人分類的問題，並且有些受訪者喜歡有一個正好契合他們情況的類別。

以下事實反映出複雜的情況：「已婚」因著分析而有不同的意涵。對跟經濟幸福有關的研究，已婚意味著收入和花費可能是共享的。對跟兒童有關的研究，已婚父母意味著可能分擔子女照顧，並且也有著對支持兒童的長期照顧責任。對社會幸福的研究，已婚意味著有其友伴。對感染愛滋病機會的研究來說，已婚意味著一夫一妻。我們並不清楚，以上的任何一項可以由選擇「已婚生活」而呈現出來。

本節一開始便提及的那道簡單問項，帶著重要的份量，原因在於這道問項至少根植於半打其他問項。就許多研究目的而言，四個問項提供了所有的資訊，並且比起單一的摘要問項，是更好更可靠的形式。

例 B.4：您目前是已婚還是未婚？

例 B.4a：（如果已婚）您和您的（配偶）住在一起還是分開居住？

評論：就許多目的而言，以上兩句問項已經取得了所需的資訊。稍微修改後，可以加上第三個問項：

例 B.4b：您認為分開居住的安排是暫時的還是永久的？

在某些情況中，發現那些目前未婚者的情形也有用處。我們樂於使用兩種主要的問項，以便能夠複製我們假定在最初那道問項就能取得的資訊。

例 B.5：（如果未婚）您曾經結過婚嗎？
例 B.5a：（如果曾經結婚）您是喪偶、合法分居、或者只是跟您（配偶）分居？

評論：要注意，說他們「已婚且分居」的人，會跟那些說自己「未婚但未合法分居」的人給歸為同一類。
根據研究的目標，研究者或許想多問一些有關受訪者跟前任配偶間的關係。此外，如果關心受訪者的經濟資助來源或者友伴的有無，這樣的詢問應當問得更直接，而不是從有關婚姻簡要問項的答案去推論。

就業狀況

就業狀況的情形與婚姻狀況極其近似。

例 B.6：您目前是就業、被解雇、失業、家管、學生、還是退休？

在 1950 年代，這或許是合理的問項。在今天，這是極為不好的問項。問題在於，它違反了兩項良好調查問項的原則：其類別既未完好，定義也不互斥。

讓我們從重疊的類別開始談起。人們一面就學一面工作是很平常的事情；大部分學生都有某種程度的工作；而相當多的全職工作者卻正在修學分或追求學位。

退休類別也不清楚。就許多工作（在公共安全與軍隊的工作最是突出）而言，可能在相當早的年齡就要退休，遠不及傳統的 65 歲。這些人往往繼續並擔任其他的工作。僅管他們目前仍就業中，可以就因為正領用長期事業的退休金，他們就算退休嗎？

什麼情形下才構成就業，也變得越來越模糊。很多人目前從事有給工作，但是人家並不認為他們是真正的員工；他們得不到福利，並且在簡單的通知下便得離職。如果目的在發現人們是不是因為工作而有收入，這樣的工作當然就構成了就業。但是，如果目標是要辨識人們是否跟某類組織有著穩定的關係，那麼過錄的方式就更複雜了。

另外，根本的問題是，大概有五、六個問題都濃縮成

改進調查問題：設計與評估

一項問項來問。這項問項是要求受訪者進行複雜的傳述任務，而不是提供受訪者一組可以直接回答的問項，讓研究者可以根據答案，提供所需的資訊進行過錄。在如此情況下，研究者的任務是，根據分析的觀點，解析並正確辨識出所需要的資訊，然後要求受訪者提供答案。一組可能的方式如下。

平常的第一個目標是，找出個人是否從事有給的工作。問項或許就像這麼簡單：

例 B.7：上個星期裡，您從您的工作獲得薪資嗎？

即使是這個問項也可能不完美，例如，有些人從事服務的工作，卻不真正認為這是個工作。然而，這些爭議只是對一小部分人有其問題，會對這樣的區別感到困擾的人們，當然會對我們最初問的簡要問題更感到困擾。

無可置疑的，研究者或許想知道許多其他有關工作情境的事物。這個人有一個或兩個工作？這個人是得到一份薪資，還是以時計薪？這個人做的是全職還是兼職的工作？這個工作有福利（如帶薪休假、健康保險）嗎？這個人從事這份工作有多久了？這個人對他這份工作可以無限期延續有多少把握？

這些都是合理的問題，那一項是重要的，則有賴於研究的目的。跟其他答項比起來，對以上問題的回答，沒有任何一個是可以直接從選擇「受雇」答項而推論出來。假如研究者想知道雇用狀況的這些面向，則必須多問一些問

題才行。

　　假如所詢問的人在過去一週並未獲得酬勞，我們或許想知道原因。在最初的問項中，有好幾個類別牽涉到對無工作地位的分類。一項關鍵的概念是，到底這「無工作」的地位是自願還是非自願的。勞工統計局多年來用以界定非自願失業的問項是：「您曾經在過去的四星期中找尋工作嗎？」其他的人會指出這個問項有模糊的瑕疵，關鍵的瑕疵是什麼條件構成「尋找工作」。曾經有人提醒說，有些人放棄尋找工作，並且對該問題給予「未曾」的答案，因而被分類為自願的失業者。如平常的情形一樣，有點小建議，就是用更直接的問題詢問。假如目的在發現失業是否自願的，為什麼不採用像下面的問項：

　　例 B.8：請問您現在沒有工作，是因為目前您不想工作，還是說主要是因為您找不到工作？

　　對要詢問人們是否是學生，應當是個獨自一項的問題。

　　例 B.9：在過去六個月中，您曾經為取得學位或文憑而修習課程嗎？

　　以上問項的好處在於，它並不預設人們獲得其教育的模式。這個特定的問項排除了成人教育的課程以及技術訓練，兩者都不是以學位為目標的課程設計。很明顯的，我們可以用其他問項來處理如此的活動。此外，我們也可以

提出後續問題，藉以發現人們所追求的是何種學位，是全職或選修學生等等。

最後，有關退休。這個分類的主要意義在於，確認已經決定不再工作以獲取酬勞的人。對許多目的而言，所需要的訊息，簡單來說就是人們是不是自願離開勞力市場。假如研究者感興趣的是未來的工作計畫，則必須提出特定的問題，用以辨認那些暫時沒有再度進入勞力市場的人。這同樣也適用於因為殘障而認為自己是暫時或永久離開勞動力的人。

社會經濟地位

研究者用來作為社會經濟地位的指標包括：

1. 收入
2. 教育程度
3. 職業

一般說來，人們實際上嘗試測量的，有著三種變項：

1. 訊息或知識，也伴隨著一些人們認為會與較高社會經濟地位一同出現的態度。
2. 資源。
3. 社會地位或聲望。

職業（或更一般的來說，職業地位）、收入與教育程度，三者都多少是正向關聯的。但是對研究者所真正想補捉的東西而言，它們各自都有其極限，而且往往是很嚴重的極限。

　　教育程度可能是三者中最常使用，並且最可以解釋的變項，簡單的知道一個人受教育的年數，只是對知識、價值和訓練的粗略指標。甚且，這些年來有著正式教育平均程度越來越高的趨勢，導致了年齡與教育程度之間的互動關係。然而，一項合理而直接的基礎，讓我們可以假定教育與資訊之間有直接關係。教育取得不會隨著受訪者的個人情況，而在意義上如所得那樣受到扭曲。

　　收入似乎可能是資源與財務福祉的最佳、最直接的測量。可是，這樣的說法必須受到三種複雜性的調整：

1. 一個人的資源，包括的不只是目前的個人收入，還有其他家庭成員所合起來的收入。
2. 福祉也受到財產有無的影響。這項複雜性，當我們比較青年人（大都在收入之外少有其他財產）和退休人士（他們可能有較多財產）時，備感困惑。
3. 福祉不只仰仗收入，也受財務責任的影響。同樣的收入，單身未婚者與退休人士，要優於一些有責任供養四口之家的人們。

　　顯然，假如我們要詳細研究財務福祉，我們會想蒐集有關以下所有課題的資訊：其他家庭成員的收入、財產以

及財務責任。不過重點在，只知道一個人目前的收入，而不能分解出其他考慮的話，則對財務福祉可能是不太完美的測量。

職業，即一個人所從事的工作，是個更複雜、可能也更難以用來明瞭有關社會經濟地位的方式。運用職業，通常以戶長的職業，作為家庭社會位置的測量。這樣的觀點植根於社會學理論，可能相當的要追溯到馬克思，他認為一個人在工作方面的位置界定了他（她）在社會的位置。在調查研究中，為著能適切理解目前使用中的數百種不同職業類別，一項通常的策略，是將所有職業集結成八到十種類別：專業人士、經理人員、買賣人員、佐理人員、技術工人、半技術工人、服務人員、或無技術工人（再加上農場主與農場工人）。一般認為這些集群大約界定了有等級次序的一組職業類別。不過，就像下述事實所反映，如此分類並不完美，也就是「專業人士」的類別包括小學老師，將他們置於最高的類別中，而「服務人員」包括家事工人、麥當勞的工作人員、警官和消防人員。後二者所得的薪資往往高於小學老師。

職業作為測量社會地位的意義，也會因為下列事實而令人困擾，就是在有兩位成人的家戶中，有著兩個工作者，各有其職業。

「將職業視為一般有效的受訪者特徵」這種例行方式，最後還有道障礙——分類過程本身的難度。為了能過錄職業，至少需要三個問題：

例 B.10：您工作的內容為何？

例 B.10a：您是在那一行業或機構工作？

例 B.10b：您是自雇還是為他人工作？

　　就以上各問題的回答而言，必須運用相當複雜的過濾過程，需要好的訓練與督導，才能用可靠的方式執行之。

　　當我們進行著重勞動參與的研究，有關職業以及工作內容的資訊，誠為必要。可是，作為對人們的一般性特質描述，例如用在分析其他答案上的共同變項，測量過去或目前的工作，對大多數調查研究而言，可能是拙劣的選擇。

　　對大多數調查研究，最一般而有用的問項是：

例 B.11：您完成的最高教育程度或年數是什麼？

　　在所有的可能方式中，詢問收入的次數遠超過實際的需要。甚且，就大多數會使用收入的分析目的而言，相當廣的類別可能已經足夠。在測量收入上最經常而正當的目標，在於評估有關個人可用的資源。針對這項目的，全家過去一年的總收入，可能是最佳的測量。

例 B.12：我們希望就您和跟您住在一起的家人（過去一年）的全家總收入，做個概略的估計。請考慮您和同住的所有家人各種來源的收入，包括工作、利息、租金等等，您估計您全家在 19＿＿＿年的稅前總收入是少於 2 萬美元、2 萬至 3 萬 9 千美元、4 萬至 5 萬 9 千

美元或 6 萬美元以上？

很明顯的，這個問題就算用上列這種簡單形式來問，也是極其複雜，並且並不太符合本書中所說明的標準。假如需要得到良好的數字，要是能在受訪者被問到全家收入之前，便個別詢問各種可能的收入來源，對收入的報導將得到改進。對受訪者的工作所得、受訪者的家人所得、租金、福利給付（如果適用的話）、社會安全、年金以及利息等，都給予特定的詢問，然後再問總數。類別的數目和複雜性可以再多加推敲，對某些目的而言，這是重要而且有用的作法。

宗教

例 B.13：您認為自己是基督教徒、天主教徒、猶太教徒或其他的宗教信徒，還是您沒有任何宗教偏好？

一個人的宗教可以三種方式來測量：

a. 個人所成長環境中的宗教文化；
b. 個人目前的自我知覺；或
c. 個人隸屬於有組織的宗教。

以上三者相互關聯：成年人更可能會想到自己是在什麼樣的宗教下成長的，更可能會屬於反映著自己知覺的宗

教團體。但是，從以上三者所作的選擇，其結果還是有些差異。

　　詢問成員資格，作爲來將人分類的標準，其最重要的缺陷，是許多人並不隸屬於有組織的宗教。成員身分因生命週期而異；年輕的成人比起已婚且有子女者，較不可能有著正式的宗教隸屬。此外，正式的宗教隸屬因宗教團體而異；特別明顯的是，有些宗教要求其成員繳付例費或成員費以成爲正式成員，其他宗教並不需要如此。最重要的，因爲許多有宗教認同和信仰者並不屬於教派，假如宗教隸屬是在測量宗教取向的話，許多人的宗教屬性就無法歸在分類中。

　　人們在宗教上應該以他們所成長的宗教環境，還是應該以他們目前的偏好來分類，或許有賴於資料蒐集的目的而定。詢問人們成長的宗教環境，具有兩樣好處。有些人在此基礎下，雖然目前並未表示宗教偏好，卻可以賦予宗教類別。再者，有些人強調說個人宗教取向的重要成分是在兒童時期發展的。其不利之處則是，如此分類錯失了從兒童至成人的變遷，包括改宗、成年後退出宗教、或者兒童時並不明顯後來才發展成形的宗教信念和依附。

　　最後，在本節最初的基本問項中，用「新教徒」一詞，並不是普遍都了解的詞彙。有些人是浸信會教徒、美以美會教徒，他們這樣認定自己，並不稱自己是新教徒。甚且，對誰是新教徒，還不見得有著確實的相同看法。例如有些人認爲非天主教徒的基督徒都是新教徒，然而其他人都有更精確的定義。雖然一開始的問項並不完美，卻可能是最

常用，也有效的開頭問項。接著，因為美國的新教宗派在意識形態上差異懸殊，詢問後續的問題通常是不錯的想法：您是否偏好任何特定的分支或教派？

種族與民族背景

儘管兩者在某種層次上有所關聯，種族與民族背景當然是不同的。在美國，一般所使用的種族類別是：

黑人
白人
亞裔（或太平洋島民）
本土美洲印地安人

民族背景有時指的是來自的國家，如愛爾蘭人或義大利人。然而，文化與政治體系並不總是契合的，許多國家的人都被視為西班牙裔。亞美尼亞人和猶太人都是民族和宗教團體，並且他們都源自於亞美尼亞（在蘇聯崩潰前，它是蘇聯的部分）和以色列以外的地方。在東歐和非洲，1993年的政治單位遠不同於 1970 年的。因此，以所來自的國家去辨認一個人的民族或文化遺業，是令人困惑的。

在美國，「亞裔」這種種族傾向於被視為來自一個亞洲國家的同義詞。不過，黑人與非裔美國人並不一定是相同的。

最後，「語言」是一些研究者根據來判定文化與背景

的另外一個面向。

　　例 B.14：請問您是西班牙裔人嗎？
　　例 B.14a：（是的話）那麼您屬於那一個團體，例如墨西哥人、墨西哥裔美國人、波多黎各人、古巴人等。

　　注意：有些人喜歡「本土美國人」，而不是「美國印地安人」。不過，在一般調查中，人們習慣將「本土美國人」這個用詞視為是在美國出生的，於是有必要用「印地安人」一詞，以使其意義更明確。

　　例 B.15 請問您是那一種族人——美國印地安人、亞洲人、黑人、白人或者是其他人？
　　例 B.15a：（如果是亞洲人）是那一團體，例如中國人、印度人、夏威夷人、越南人等？

　　在美國的普查和在許多政府的調查中，這個系列問題有些許差異。文化、種族與來源國在此一系列中是完全混合且模糊的，反映著對「有關背景特徵所關切的是什麼」顯現出一般的困惑。
　　在政府的調查中，辨認西班牙裔人是例行必備的。因為對什麼構成了西班牙裔來源，並未好好給予定義。在以來源國為目標的問項，加上一組詢問隸屬何種團體的問項，讓不認為自己是西班牙裔，卻來自使用西班牙語地區者鉤選，並且將西班牙裔人區分成次類屬。在問種族前，先問

有關西班牙裔的來源，可能是好想法，因為許多西班牙裔人在他們確認自己是西班牙裔人之前，似乎會抗拒種族的分類（Martin, Demaio & Campanelli, 1990）。

對許多目的而言，隨同種族的類別，詢問成年人最有效的單一問項是，「您在那一國出生？」外國文化的影響對那些在美國以外地區出生者而言，最是重要。在美國出生的成年人是成長於英語環境中，對外國出生者來說，來源國是容易回答的問題，並且提供相當多與受訪者有關的資訊。這允許研究者將國家依任何所需要的方式加以分群，而不是要求受訪者自我分類。

假如文化遺業是研究者大感興趣的面向，父母的出生地或許是下一個最有效的資訊。

例 B.16：您（父親／母親）在那一國出生？

當然，文化的影響有時會持續兩代以上，好幾百萬的第三和第四代美國人仍然認定自己是愛爾蘭人、義大利人、希臘人或波蘭人。要得到如此的答案，我們或許可以問：

例 B.17：在這個國家，大部分人都認為自己是美國人，不過，有沒有特定的國籍或種族團體，是您自認為是其中一份子的？

許多身在美國的人，已經喪失了任何到美國之前的身分認同感，所以會有著不少的「無答案」。甚且明顯的，

如此問項將身分認同的大門大開，而產生多種結果。然而，如果想要發現受訪者所知道的文化遺業，卻未能呈現在個人的種族、出生國與父母的出生國的話，以上的問項應該可以找到答案。

附錄 C：有關開放式問題

　　三、四十年前，在標準調查工具中，有一半的問題是開放式的；也就是受訪者以自己的言語回答所受詢問的問題。然而，在 1990 年代，開放式問題變得越來越爲罕見。趨向如此，一部分是因爲當受訪者是在一組答項中選擇，或者是在一個評量的量表上回答，都比較能夠達成許多調查研究的目標。另一部分的理由在於，資料蒐集變得逐漸電腦化，訪員直接以電腦記錄答案，並且大部分答案可以是記錄一個數字而不是敘述的答案，調查過程因而進行得更順利。

　　開放式問題在第 3 章中討論了相當多，正如該章所提醒的，如果任務是在產生一組有次序的答案，或者將答案以某種評等的量表呈現，開放式問題無法竟其功。再者，Schuman 和 Presser（1981）發現，甚至對如下的問法，「什麼是最重要的問題？」不論是開放或結構式的策略都可以運用；提供人們一組答案來選擇，比起開放的形式，提供了更可靠、更能解釋或可能更有效的反應。

　　不過，在調查研究中，開放式問題有其角色。在本附

錄中，簡單的瀏覽一下開放式問題在什麼時候最是適當，似乎是有用處的。

首先而且最明顯的情況是，當可能的答案遠超過有能力提供的範圍時。例如，如果人們被要求回答所喜歡的演藝人員，喜歡的食物或喜歡的歌，則問題應當是開放式的。

其次，有些問題應該是以敘述的方式回答，原因是，適當的答案事實上不可能減少到只有幾個字。例如，為了可靠地過錄職業，受訪者需要描述「你工作的內容是什麼？」只包含一兩個字的答案往往是模糊的 ，並且未提供足夠的資訊作為過錄的依據。讓人們以自己的話來回答，他們因而可以描述他所做所為，是獲得所需資訊的方式。同樣的，要知道何種健康問題或狀況導致人們去看醫生，答案應當是以描述方式為之。有些情況可以只記錄一兩個字，但是在許多情況下，答案所要求的是更為描述性的回應。

第三，誠如第 3 章中所討論的，詢問開放式的問項是測量知識的最佳方式。當知識是以是非題或多重選擇方式測量時，一些正確答案可能是運氣的結果，而且並不反映受試者的知識。

第四，當感興趣的是一項結論、行為或喜好背後的推理，最好的方式就是聽聽受訪者自己的說法。對人們之所以做一些事情的理由以及他們喜好的是什麼，由於受訪者的言詞技巧和型態有所差異，會造成一些不可靠的地方。但另一方面，敘述的回答卻給了研究者進入人們思考更為直接的窗戶。假如研究者想了解何以人們偏好候選人甲而

非候選人乙，或者他們喜不喜歡自己的學校，我們有著好些理由想要在標準化的固定答項之外，還聽聽敘述性的回答，即使不是完全的取代。

最後，對可能是複雜的情形，要取得有系統的答案，偶而問個開放式問項，是最為簡單的方式了。例如，假定目標在發現人如何成為無家可歸者。其成因有著一些可能性，例如住宅遭回祿之災、失業了或者遭父母或其他家人踢出家門。不過，由於可能答案的多樣性，以及某些情況潛在的複雜性，如果只有一組固定答案，就會顯得做作、煩瑣，並且並非十分有效。最好的方式，是一開始便要求受訪者以自己的言語，說明他們何以成為無家可歸者，當如此情境經過解釋之後，再詢問受訪者標準化且固定的答項，藉以澄清適於受訪者特定情境的細節。如此方式會使訪問的互動更為合理，同時提供研究者有關實際事件更理想、更合適的資訊。

敘述形式的回答所產生的資料，研究者有時覺得難以處理，尤其答案必須過錄，總要有人閱讀這些答案並給予有意義的數字代碼類別。所導致的回答多樣性與複雜性，使得在分析上不如受訪者更結構形式的回答那麼直接。但另一方面來說，所得到的結果，更能反映受訪者所必須說的東西。

傳統上，當受訪者以敘述形式回答，過濾的步驟與資料蒐集是分開的。當我們無法確定預期人們給予的答案會是什麼，會如何措詞，那麼在設定標準過錄規則，一致地將答案歸類成有意義的類別時，必須相當謹慎。當如此的

過程適當地運行，則分類的原則與政策在過錄過程展開中更加精密，例外經辨識並解決，同時過錄的決定經過檢測，以確定是以一致的方式處理。

當受訪者在固定回覆形式下回答問題，其回答必然已經轉成數字形式，隨時可以處理。當訪員將答案輸入電腦，其答案已經可以操作分析；當訪員採紙筆記錄形式時，其答案立即可以進行資料輸入，不需其他的步驟。在如此的脈絡下，研究者很想在訪問過程中就將在開放式問題所得的答案予以分類並過錄，而不再引入分開的過錄步驟。

當回答的範圍相當可以預測，可能的答項數目不多，並且將答案分類的原則相當簡單，要訪員在訪問中直接過錄或許是恰當的。例如，我們經常要求受訪者以開放的形式報導其教育程度，然後讓訪員將所得到的答案歸類在一組有次序的答項中。不過，分類架構全然不清楚，便讓訪員直接過錄，可能是個錯誤。訪員不處理過錄，還是有相當多的事情要做。此外，分類架構無法在資料蒐集的過程中予以調整和精鍊，並且訪員的過錄無法是經過檢測的。因此，我們不可能知道訪員是否遵循一致的過錄程序，也不可能在過錄的工作上加強他們的訓練。最後，對訪員行為的研究顯示，當以開放形式詢問問題，並以特定的類別加以過錄時，訪員可能會直接追問以減輕分類過程的負擔（Fowler & Mangione, 1990）。

假如答案的結構相當清晰並且分類系統容易，讓訪員將答案分類，或許無可厚非。可是，對在敘述性答案所可能獲得的有趣而有用的事物，其運用也必須經過分開的過

錄操作，藉以確保所得的結果是受訪者實際回答，而且是可靠又確實的反應。

最後，很值得重述在本書中一再出現的一項主題：在問項中盡可能清楚地確認什麼構成了適當的答案，極其重要。此一箴言尤其適用於開放式問題，理由有三。

1. 如果不能清晰界定受訪者回應的問題，對訪問有不利的影響（Fowler & Mangione, 1990）。
2. 對回覆作業上的理解有所變異，是受訪者間變異（測量誤差）的不必要來源。
3. 對如何回答問項有不同的理解，所導致的答案多樣性，增加了答案的異質性並減低了分析的價值。

經過適當的設計和過錄，以敘述形式回答的問項，可以對良好的調查有其重要貢獻。知道何時與如何有效運用這種問項，是精通於調查問題設計的關鍵之一。

附錄 D：達成標準化訪問

　　本書所清楚說明的問項設計前提，以及一般調查測量的前提，是受訪者全都應當在原先設計的用詞之下，回答同樣的問項。當資料蒐集是自填方式，那就意味著，研究者應當嘗試設計出人人都能閱讀而且了解的問題。Schaeffer（1991）、Shuchman 和 Jordan（1990）的著作，以及 Tanur（1991）所編輯的論文概要，曾經分析調查訪問實際進行的情形。他們發現在一些（即使不是大多數的）訪問中，問與答的過程並不像研究者所願設想的，或像教科書教導的那麼標準化。他們的研究建議，在訪員如何問問題，以及問題如何遣詞用字上，給予他們更多彈性。這樣子做可能有其價值，如此使問題可以更個人化，並且修飾得配合受訪者的訪問情境。

　　這些想法的來源非常真實，並且對設計問卷工具者構成了主要的挑戰。一項實際問題是，訪問量表事實上是兩個人之間的互動草約。它是一種互動方式，與大多數人的習慣截然不同。對完全依照所設定的字詞提出問題給予回答，並且往往是在訪員所提供的一組答案中選擇答項，並

不是常見的互動方式。甚且，受訪者在所感覺舒服的詞彙，以及他們必須描述的情境和感覺上，也有著顯著的差別。所有這些都是一個好的調查工具必須設計以符合標準化的最大挑戰。

在如何述說一個問題，以及他們如何操作訪問上，讓訪員保有彈性這樣的觀念，構成了對標準化測量的主要威脅。就如本書中一直討論的，我們知道，在遣詞用字上的小更動，可能對回答有重大影響。尤其在測量主觀狀態的範疇，假如訪員在提出問項的方式上給予較大的彈性，我們很難理解所做的測量有多可靠。

當訪員嘗試蒐集事實資訊，在問題系列安排的結構上，或許可以有較大的發揮空間。雖然有關客觀問題的遣詞用字也能夠影響訪問結果，但是主要的議題仍然在所有的受訪者對所要報導的東西，是否有著同樣的認知和感受。也許有方法確證說，定義和期望都是眾人所共有的，而不必要求訪員以調查工具所典型具有的嚴謹問題形式來訪問。可是，一般而言，較佳的方式不是給予訪員在提問問項上有彈性，而是更努力去設計調查工具，使之契合互動過程的實際狀況。當訪員與受訪者難以執行標準化的訪問時，通常是因為調查工具的設計拙劣。以下一些關鍵步驟，將有助於保證，調查工具對標準化訪問過程而言是好的草約。

1. 對所有的重要詞彙都提供好的定義。在標準化訪問過程中，最令人挫折而且懊惱的因素之一，是當受訪者詢問訪員問題的意義，而所有的訪員可以說的是，「沒關係，

你認為是什麼意思，就是什麼意思」。有時，讓受訪者自己對一些詞彙給予定義，是恰當的。可是，大部分的情形下，我們必須給予受訪者對問項意義有良好界定。

2. 問題必須事先測試，確認訪員可以容易閱讀，同時受訪者一聽到便能容易了解（參閱第 5 章）。

3. 問題系列應當有結構的安排，讓受訪者不會在問題問出之前便習慣性地回答了。這有一部分是意味著，研究者必須實際了解人們對所給予的問題如何作答。

例 D.1 ：在過去一年當中，您曾經是犯罪的受害者嗎？

例 D.2 ：（如果是）你所碰到的是那一種罪行？

例 D.3：過去一年中您曾經是其他任何犯罪的受害者嗎？

評論：10 個受訪者中，有 9 個會對第一個問題回答說，「是的，我的車子去年被偷了」（不論是何種罪行的結果）。當受訪者這樣子回答，訪員看到問題 D.2，心中狐疑該不該問。問題 D.2 實際上已經回答出來了。根據標準化的規則，訪員應當續問 D.2。不過根據日常人類對話的規則，卻是累贅的。不可避免的，有時訪員覺得受訪者已經回答過了，還是適於再問受訪者。然而，調查工具能夠設計得將訪員落入如此情境的程度，減至最低。

例 D.4：在過去一年中，您曾經是任何犯罪的受害者嗎？（是什麼樣的犯罪？）（任何其他的犯罪？）

評論：這個系列問項跟上一系列相同，但是訪員有其自由，決定要不要追問後續問題以獲得所要的資訊。如此的彈性並不削弱標準化的原則。它的確賦予受訪者彈性，讓追問更合於回答的實際狀況，而不必造成尷尬的互動。如此在草約上簡化的方式，就是較佳的調查設計。

例 D.5：我們對人們為何捐款給聯合勸募深感興趣，以下將念出一些人們捐款給聯合勸募的理由，請您告訴我那些是您捐款給聯合勸募的理由。第一，……。

a.　因為聯合勸募協助不同的慈善活動。

受訪者：我捐款給聯合勸募，理由在於，我工作的企業跟聯合勸募有著很強的工作關係，他們極力鼓勵員工捐獻。
訪員：知道了。讓我念出來讓您聽聽，因為聯合勸募協助許多不同的慈善活動。

評論：這是一種互動的原型，驅使調查研究的訪員、受試者和批評者都感到懊惱。這位受訪者有捐款給聯合勸募一項清楚理由。這位受訪者能夠說出理由，明白交代，也回答了該問題所想要問的。不過這問題設計的方式，卻一點也不適合受訪者回答。假如訪員遵循指示，會詢問受訪者一系列捐款給聯合勸募的理由，但是這問法卻似乎跟受訪者無關，同時會導致尷尬的互動。假如研究者關注於

設計調查工具的方式，以契合受訪者必須報導的實際情況，以上是研究者想避免的問題。有好幾種方法避開這種問題。

　　首先而且可能是最容易的方式，是要求受訪者以敘述的方式回答。要求受訪者就因果關係或原因提出報導，有其潛在的不可靠因素；然而人們診斷因果方式的問項，會明顯地造成問題，不論問法是採開放或封閉形式。這種情境隨附著各種可能的答案，敘述形式也就可能提供訪員和受訪者之間較佳的互動。

　　其次，將問題重新概念化可能有所助益。

　　例 D.6：聯合勸募資助許多慈善活動，對這項事實您是非常看重、有些看重、只有一點看重、還是完全不看重？

　　評論：如果問法轉換成上列情形，有兩樣重大的好處。首先它避免了雙重目的的問題。在前一範例，受訪者根本上所受詢問的，一則是他們是否看重多重慈善活動這種觀念，以及他們捐獻給聯合勸募的原因。兩者不必有所關聯。詢問「評價」這種知覺，並且跳出對因果的診斷，可能是概念上較佳的設計。其次，甚至在受訪者回答了他們捐獻給聯合勸募的理由，他們還是可以回答對聯合勸募的看法這類問題。這些回答都可以關聯到人們捐獻給聯合勸募的傾向，在處理知覺與行為之間關聯的問題上，比問人們的歸因，是更佳方式。

　　假如研究者用心注意到他們的問項設計會如何影響受

訪者與訪員之間的互動，他們可能設計出從所有觀點來看都是較好運用的問項。透過仔細的測試，如第 5 章所說的，特別是對行為的過錄，這些問題可以預期，而且在問項設計過程中加以解決。

最後，能夠訓練訪員去訓練受訪者，也是重要的一環。Fowler 和 Mangione（1990）花費了相當篇幅，討論讓訪員訓練受訪者理解有關資料蒐集標準化的重要性。假如對受訪者解釋問題為何將以所設計的用詞如實提出，以及為什麼他們將以特定的形式回答，那麼受訪者比較容易在標準化的過程中扮演好他們的角色。在標準化訪問中所顯示的困難，很大部分原因在於無法讓受訪者了解調查訪問的特性，以及期望他們的反應方式。

確認訪員對「訓練受訪者」這件任務具敏銳感，是得到良好標準化訪問的關鍵。然而，也只能達到上述的地步。主要的責任還是研究者要設計出一套問卷，不只是逐一檢視都符合好問項的標準，而且也構成一項良好草約，讓訪員和受訪者之間的標準化互動有所遵循。

附錄 E：台灣社會變遷基本調查實例

　　在附錄 B 中給了一些個人背景變項的問法，但都是美國的例子，不一定適合在台灣使用。在附錄 E 中，我們以 1995 年台灣社會變遷基本調查三期一次問卷中的基本狀況為例，提供大家參考。台灣社會變遷基本調查是國科會支持的全台灣地區的問卷調查計畫，每年都有不同的主題，已經進行十一年了。以三期一次問卷為例，我們商得計畫主持人瞿海源教授的同意，謹此誌謝。以下先做幾點說明：

1. 若知道受訪者的年齡，通常詢問年月即可，大家一定會覺得很容易，但往常遭遇的問題是，有的老年人真的會不記得自己是那年出生的，這時候可以詢問他大概的出生年，再問生肖，以後才換算正確的出生年。

2. 我們在台灣很少會問人是屬於那個種族，最常問的是籍貫。在例子中，我們問的是父母的籍貫。這樣的問法有兩個好處，第一，可以知道父母是否同樣籍貫，這在很多研究上都是有意義的問題。第二，現在的外省第二代，有的人有省籍認同上的困擾，你問他籍貫，他會感到困

擾，但是對父母的籍貫，他可以明確回答。從研究的角度，知道受訪者父母的籍貫，就可以判斷受訪者個人的籍貫。

3. 在婚姻狀況上，以兩題詢問，可以比較明確知道不同的婚姻關係。

4. 有關教育狀況，考慮了台灣目前的教育體制，而有較細的分類，研究者可以根據自己的研究需要，合併不同的選項再進行分析。

5. 職業狀況的問法，通常要根據受訪者的回答再加以分類，分類表必須另外提供。譬如主計處出版的職業、行業分類表，便是現成可以採用的分類。

6. 請問您現在在那裡工作？為誰工作？這樣的問題，主要是想知道受訪者的從業身分。在社會學的分析，若要以「社會階級」為自變項，必須根據這樣問出的結果，進行分類。

7. 第 16 題詢問的是個人的主觀社會階級。

8. 有關宗教信仰，特別詢問皈依佛教多久和師父的法號。這是因應台灣特殊宗教現象的問法，很多人說自己信佛，但卻拜各種的神明，並不能算是佛教徒，要確定一個人是否為佛教徒，必須追問皈依與否。

訪問開始時間＿＿＿月＿＿＿日 ＿＿時＿＿分

壹、基本狀況

1. 性別：□（1）男　　□（2）女
2. 您是什麼時候出生的？民國＿＿年＿＿月
3. 您父親的籍貫是那裡？
    □（1）本省閩南人　　□（2）本省客家人　　□（3）大陸各省市
    □（4）原住民　　□（5）其他（請說明）＿＿＿＿＿＿
4. 您母親的籍貫是那裡？
    □（1）本省閩南人　　□（2）本省客家人　　□（3）大陸各省市
    □（4）原住民　　□（5）其他（請說明）＿＿＿＿＿＿
5. 您出生在什麼地方？＿＿省（市）＿＿縣（市）＿＿鄉（鎮、市、區）
6. 您結婚了嗎？
    □（1）未婚 跳答7　　□（2）已婚（續答6a）
    □（3）其他（請說明）＿＿＿＿＿＿
6a. 您目前是否與配偶同住？
    □（1）與配偶同住　　□（2）離婚或分居　　□（3）配偶去世
    □（4）因工作關係分住兩地，不常同住
    □（5）因其他緣故，夫妻分兩地住
    □（6）其他（請說明）＿＿＿＿＿＿

貳、教育狀況

7a. 請問您的教育程度是　？
    □（1）無　　　　　　□（2）自修　　　　　□（3）小學
    □（4）國（初）中　　□（5）初職　　　　　□（6）高中普通科
    □（7）高中職業科　　□（8）高職　　　　　□（9）士官學校
    □（10）五專　　　　□（11）二專　　　　　□（12）三專
    □（13）軍警專修班　□（14）軍警專科班　　□（15）空中行專
    □（16）日據時期短期大學　　　　　　　　　□（17）軍警官學校
    □（18）大學　　　　□（19）研究所
    □（20）其他（請說明）＿＿＿＿＿＿
    a1. 您最高的學歷是於民國幾年得到的？　民國＿＿年

a2. 限唸二、三專以上者回答 請問您在唸高中、職時,所唸的是:
　□（1）高中普通科　　□（2）高中職業科　　□（3）高職
　□（4）其他（請說明）＿＿＿＿＿

b.　 未婚或離婚者免答 您配偶的教育程度是?
　□（1）無　　　　　　□（2）自修　　　　　□（3）小學
　□（4）國（初）中　　□（5）初職　　　　　□（6）高中普通科
　□（7）高中職業科　　□（8）高職　　　　　□（9）士官學校
　□（10）五專　　　　□（11）二專　　　　　□（12）三專
　□（13）軍警專修班　□（14）軍警專科班　　□（15）空中行專
　□（16）日據時期短期大學　　　　　　　　　□（17）軍警官學校
　□（18）大學　　　　□（19）研究所
　□（20）其他（請說明）＿＿＿＿＿

不論父母存、歿請續答（c）、（d）

c.　您父親的教育程度是　 ?
　□（1）無　　　　　　□（2）自修　　　　　□（3）小學
　□（4）國（初）中　　□（5）初職　　　　　□（6）高中普通科
　□（7）高中職業科　　□（8）高職　　　　　□（9）士官學校
　□（10）五專　　　　□（11）二專　　　　　□（12）三專
　□（13）軍警專修班　□（14）軍警專科班　　□（15）空中行專
　□（16）日據時期短期大學　　　　　　　　　□（17）軍警官學校
　□（18）大學　　　　□（19）研究所
　□（20）其他（請說明）＿＿＿＿＿

d.　您母親的教育程度是　 ?
　□（1）無　　　　　　□（2）自修　　　　　□（3）小學
　□（4）國（初）中　　□（5）初職　　　　　□（6）高中普通科
　□（7）高中職業科　　□（8）高職　　　　　□（9）士官學校
　□（10）五專　　　　□（11）二專　　　　　□（12）三專
　□（13）軍警專修班　□（14）軍警專科班　　□（15）空中行專
　□（16）日據時期短期大學　　　　　　　　　□（17）軍警官學校
　□（18）大學　　　　□（19）研究所
　□（20）其他（請說明）＿＿＿＿＿

參、職業狀況

8. 您 15 歲時，父親的職業是什麼？　請詳細填寫

　　行業＿＿＿＿＿＿＿＿，服務單位全名＿＿＿＿＿＿＿＿＿＿＿

　　職位＿＿＿＿＿＿＿＿，工作部門　＿＿＿＿＿＿＿＿＿＿＿＿

　　詳細工作內容 ＿＿＿＿＿＿＿＿＿＿＿＿＿＿＿＿＿＿＿＿＿＿

　　□（1）15 歲時，父親已過世　　□（2）未過世

9. 您父親現在的職業是什麼？　請詳細填寫

　　行業＿＿＿＿＿＿＿＿，服務單位全名＿＿＿＿＿＿＿＿＿＿＿

　　職位＿＿＿＿＿＿＿＿，工作部門　＿＿＿＿＿＿＿＿＿＿＿＿

　　詳細工作內容 ＿＿＿＿＿＿＿＿＿＿＿＿＿＿＿＿＿＿＿＿＿＿

　　□（1）父親已過世　　　　□（2）未過世

10. 您目前（或退休前）主要的職業是什麼？　請詳細填寫

　　行業＿＿＿＿＿＿＿＿，服務單位全名＿＿＿＿＿＿＿＿＿＿＿

　　職位＿＿＿＿＿＿＿＿，工作部門　＿＿＿＿＿＿＿＿＿＿＿＿

　　詳細工作內容 ＿＿＿＿＿＿＿＿＿＿＿＿＿＿＿＿＿＿＿＿＿＿

11. 在您從事目前這個工作以前，有無下列工作經驗？《複選》

　　□（1）做自己的事業，有雇人　□（2）做自己的事業，無雇人

　　□（3）自家的事業　□（4）受私人雇用　□（5）受政府雇用

　　□（6）受公營企業雇用　□（7）做零工　□（8）做家庭代工

　　□（9）不適用（從未工作過、與目前是第一份工作）

12. 請問您現在在那裡工作？為誰工作？

　　□（1）為自己工作（續答 A）　□（2）為別人工作（續答 B）

　　□（3）為家裡工作（續答 C）　□（4）目前沒有工作（續答 D）

　　□（5）退休（續答 E）　　　　□（6）家庭主婦（續答 D）

　　□（7）學生（續答 D）

A 1.您是否與人合夥？	B 您幫公家還是私人工作？
□1. 是 □2. 否	□1. 政府機構　□2. 學校
2.您沒有雇人？	□3.公營事業機構□4.私人企業
□1.沒有	□5.其他（請說明）＿＿＿＿＿
□2.有，雇了＿＿人　C 您有沒有固定的薪資？	
3.這些人和您有何關係？　□1.沒有　　□2.有	
□1.都是家人或親戚　D 您以前有沒有工作？	

□2. 有些外人　　　　□1.沒有　　　□2.有（續答 E）
□3. 大部分是外人　　E 以前是在那裡工作？爲誰工作？
　　　　　　　　　　　　□1.自雇（續答 A）
　　　　　　　　　　　　□2.受雇（續答 B）
　　　　　　　　　　　　□3.爲家裡工作（續答 C）

13. 您第一個職業是什麼？　請詳細填寫
　　行業＿＿＿＿＿＿＿，服務單位全名＿＿＿＿＿＿＿＿＿＿
　　職位＿＿＿＿＿＿＿，工作部門　＿＿＿＿＿＿＿＿＿＿＿
　　詳細工作內容　＿＿＿＿＿＿＿＿＿＿＿＿＿＿＿＿＿＿＿

14. 未婚或離婚者免答 您的配偶現在的職業是什麼？　請詳細填寫
　　行業＿＿＿＿＿＿＿，服務單位全名＿＿＿＿＿＿＿＿＿＿
　　職位＿＿＿＿＿＿＿，工作部門　＿＿＿＿＿＿＿＿＿＿＿
　　詳細工作內容　＿＿＿＿＿＿＿＿＿＿＿＿＿＿＿＿＿＿＿

15. 未婚或離婚者免答 請問您的配偶現在在那裡工作？爲誰工作？
　　□（1）爲自己工作（續答 A）　　□（2）爲別人工作（續答 B）
　　□（3）爲家裡工作（續答 C）　　□（4）目前沒有工作（續答 D）
　　□（5）退休（續答 E）　　　　　□（6）家庭主婦（續答 D）
　　□（7）學生（續答 D）

A 1.您的配偶是否與人合夥？	B 您的配偶幫公家還是私人工作？
□1.是　□2.否	□1.政府機構　□2.學校
2.您的配偶沒有雇人？	□3.公營事業機構□4.私人企業
□1.沒有	□5.其他（請說明）＿＿＿＿
□2.有，雇了＿＿人	C 您的配偶有沒有固定的薪資？
3.這些人和您的配偶有何關係？	□1.沒有　　□2.有
□1.都是家人或親戚	D 您的配偶以前有沒有工作？
□2. 有些外人	□1.沒有　　□2.有（續答 E）
□3. 大部分是外人	E 您的配偶以前是在那裡工作？爲誰工作？
	□1.自雇（續答 A）
	□2.受雇（續答 B）
	□3.爲家裡工作（續答 C）

16. 如果社會可分為上層階級、中上階級、中層階級、中下階級、工人
   階級、下層階級，您認為您是那一個階級？
   □（1）上層階級　　　□（2）中上階級　　　□（3）中層階級
   □（4）中下階級　　　□（5）工人階級　　　□（6）下層階級

肆、傳播指標

17. 您平常看報紙嗎？大約多久一次？
   □（1）每天一次（或以上）　　　　□（2）每週兩三次
   □（3）每週一次　　□（4）每月一兩次　□（5）兩三個月一次
   □（6）半年一次　　□（7）一年一次（或不到一次）
   □（8）從來沒有

18. 第 17 題答「從來沒有」者免答 您看報紙看些什麼，最常看那一
   類內容？
   □（1）國際　　　　□（2）國內政治　　□（3）消費理財
   □（4）醫藥保健　　□（5）藝術　　　　□（6）體育
   □（7）文學小說　　□（8）影視娛樂　　□（9）大陸
   □（10）社會　　　□（11）廣告　　　　□（12）學術思想
   □（13）其他（請說明）＿＿＿＿＿＿＿

19. 您每天花多少時間看電視？＿＿＿時＿＿＿分

20. 您每天看新聞氣象嗎？　□（1）是　　　□（2）否

20a. 除了新聞氣象之外，您最常看那一類電視節目？
   □（1）時事評論與報導（如台視從台北看天下、中視九十分鐘、
   　　　華視新聞廣場）
   □（2）影片　　　　□（3）古典音樂舞蹈
   □（4）其他藝術性節目（國劇、國樂等）　□（5）體育
   □（6）劇集（單元劇、連續劇）
   □（7）地方戲（歌仔戲、布袋戲）　　　□（8）綜藝歌唱
   □（9）兒童（卡通）□（10）家庭資訊（理財、醫藥保健、裝飾）
   □（11）風土人情（旅遊介紹、山水風景等）□（12）從不看
   □（13）其他（請說明）＿＿＿＿＿＿＿

伍、宗教信仰

21. 您目前信什麼教？

□（1）佛教（續答 21a）　□（2）道教　　　□（3）民間信仰

□（4）一貫道　　□（5）軒轅教　　　□（6）回教

□（7）天主教　　□（8）基督教：宗派＿＿＿＿＿

□（9）齋教　　　□（10）鸞堂　　　□（11）慈惠堂

□（12）無宗教信仰　□（13）其他（請說明）＿＿＿＿＿＿＿

21a. 您皈依佛教多久了？　＿＿＿年　＿＿＿月

您皈依師父法號是＿＿＿＿＿＿＿＿＿

參考書目

Abrams, D. B., Follick, M. J., Biener, L., Carey, K. B., & Hitti, J. (1987). Saliva cotinine as a measure of smoking status in field settings. *American Journal of Public Health, 77*(7), 846-848.

Anderson, B., Silver, B., & Abramson, P. (1988). The effects of race of the interviewer on measures of electoral participation by blacks. *Public Opinion Quarterly, 52*(1), 53-83.

Andrews, F. M. (1984). Construct validity and error components of survey measures: A structural modelling approach. *Public Opinion Quarterly, 48*(2), 409-422.

Andrews, F. M., & Withey, S. B. (1976). *Social indicators of well-being.* New York: Plenum.

Aquilino, W. S., & Losciuto, L. A. (1990). Effects of interview on self-reported drug use. *Public Opinion Quarterly, 54*(3), 362-391.

Belson, W. A. (1981). *The design and understanding of survey questions.* London, UK: Gower.

Benowitz, N. L. (1983). The use of biological fluid samples in assessing tobacco smoke consumption. In J. Gabrowski & C. S. Bell (Eds.), *Measurement in the analysis and treatment of smoking behavior* (NIDA Research Monograph 48). Rockville, MD: Department of Health and Human Services.

Berk, M., Horgan, C., & Meysers, S. (1982). *The reporting of stigmatizing health conditions: A comparison of proxy and self-reporting.* Hyattsville, MD: National Center for Health Services Research.

Bishop, G. F., Hippler, H.-J., Schwartz, N., & Strack, F. (1988). A comparison of response effects in self-administered and telephone surveys. In R. M. Groves, P. Biemer, L. Lyberg, J. Massey, W. Nicholls, & J. Waksberg (Eds.), *Telephone survey methodology* (pp. 321-340). New York: John Wiley.

Blair, E., & Burton, S. (1987). Cognitive process used by survey respondents in answering behavioral frequency questions. *Journal of Consumer Research, 14*, 280-288.

Bradburn, N. M., Sudman, S., & associates. (1979). *Improving interview method and questionnaire design.* San Francisco: Jossey-Bass.

Cannell, C. F., Groves, R. M., Magilavy, L., Mathiowetz, N. A., & Miller, P. V. (1987). An experimental comparison of telephone and personal health interview studies. *Vital and Health Statistics* (Series 2, No. 106). Washington, DC: Government Printing Office.

Cannell, C. F., Fisher, G., & Bakker, T. (1965). Reporting of hospitalization in the Health Interview Survey. *Vital and Health Statistics* (Series 2, No. 6). Washington, DC: Government Printing Office.

Cannell, C., & Fowler, F. (1965). Comparison of hospitalization reporting in three survey procedures. *Vital and Health Statistics* (Series 2, No. 8). Washington DC: Government Printing Office.

Cannell, C. F., & Marquis, K. H. (1972). Reporting of health events in household interviews: Effects of reinforcement, question length and reinterviews. *Vital and Health Statistics* (Series 2, No. 45). Washington, DC: Government Printing Office.

Cannell, C., Marquis, K., & Laurent, A. (1977). A summary of studies. *Vital and Health Statistics* (Series 2, No. 69). Washington, DC: Government Printing Office.

Cannell, C. F., Miller, P. V., & Oksenberg, L. (1981). Research on interviewing techniques. In S. Leinhardt (Ed.), *Sociological Methodology* (pp. 389-437). San Francisco: Jossey-Bass.

Cannell, C., Oksenberg, L., & Converse, J. (1977). *Experiments in interviewing techniques: Field experiments in health reporting: 1971-1977.* Hyattsville, MD: National Center for Health Services Research.

Clarridge, B. R., & Massagli, M. P. (1989). The use of female spouse proxies in common symptom reporting. *Medical Care, 27*(4), 352-366.

Converse, J. M., & Presser, S. (1986). *Survey questions: Handcrafting the standardized questionnaire.* Beverly Hills, CA: Sage.

Cronbach, L. (1951). Coefficient alpha and the internal structure of tests. *Psychiatrika, 16,* 297-334.

Cronbach, L., & Meehl, P. (1955). Construct validity in psychological tests. *Psychological Bulletin,* 281-302.

Densen, P., Shapiro, S., & Balamuth, E. (1963). Health interview responses compared with medical records. *Vital and Health Statistics* (Series 2, No. 7). Washington, DC: Government Printing Office.

DeVellis, R. F. (1991). *Scale development: Theory and applications.* Newbury Park, CA: Sage.

Dillman, D. A., & Tarnai, J. (1991). Mode effects of cognitively designed recall questions: A comparison of answers to telephone and mail surveys. In P. N. Biemer, R. M. Groves, L. E. Lyberg, N. A. Mathiowetz, & S. Sudman (Eds.), *Measurement errors in surveys* (pp. 367-393). New York: John Wiley.

Droitcour, J., Caspar, R. A., Hubbard, M. L., et al. (1991). The item count technique as a method of indirect questioning: A review of its development and a case study application. In P. N. Biemer, R. M. Groves, L. E. Lyberg, N. A. Mathiowetz, & S. Sudman (Eds.), *Measurement errors in surveys* (pp. 185-210). New York: John Wiley.

Eisenhower, D., Mathiowetz, N. A., & Morganstein, D. (1991). Recall error: Sources and bias reduction techniques. In P. N. Biemer, R. M. Groves, L. E. Lyberg, N. A. Mathiowetz, & S. Sudman (Eds.), *Measurement errors in surveys* (pp. 367-393). New York: John Wiley.

Forsyth, B. H., & Lessler, J. T. (1991). Cognitive laboratory methods: A taxonomy. In P. N. Biemer, R. M. Groves, L. E. Lyberg, N. A. Mathiowetz, & S. Sudman (Eds.), *Measurement errors in surveys* (pp. 393-418). New York: John Wiley.

Fowler, F. J. (1992). How unclear terms affect survey data. *Public Opinion Quarterly, 56*(2), 218-231.

Fowler, F. J., Jr. (1993). *Survey research methods* (2nd ed.). Newbury Park, CA: Sage.

Fowler, F. J., & Mangione, T. W. (1990). *Standardized survey interviewing.* Newbury Park, CA: Sage.

Fox, J. A., & Tracy, P. E. (1986). *Randomized response: A method for sensitive surveys.* Newbury Park, CA: Sage.

Greenberg, B., Abdel-Latif, A., & Simmons, W. H. D. (1969). The unrelated question randomized response model: Theoretical framework. *Journal of the American Statistical Association, 64*(326), 520-539.

Groves, R. M. (1989). *Survey errors and survey costs.* New York: John Wiley.

Hauser, R. M., & Massagli, M. P. (1983). Some models of agreement and disagreement in repeated measurments of occupation. *Demography, 20*(4), 449.

改進調查問題：設計與評估

Horvitz, D., & Lessler, J. (1978). Discussion of total survey design. *Health Survey Methods: Second Biennial Conference* (DPHEW Publication No. PHS 79-3207, pp. 43-47). Hyattsville, MD: National Center for Health Services Research.

Hsiao, W., Braun, P., Dunn, D. L., Becker, E. R., Douwe, Y., Verrilli, D. K., Stamenovic, E., & Shiao-Ping, C. (1992). An overview of the development and refinement of the resource-based relative value scale. *Medical Care, 30*(11, Nov. supplement), NS1-NS12.

Jabine, T. B. (1987). Reporting chronic conditions in the National Health Interview Survey: A review of tendencies from evaluation studies and methodological test. *Vital and Health Statistics* (Series 2, No. 105, DHHS Pub. No. PHS 87-1397). Washington, DC: Government Printing Office.

Jabine, T. B., Straf, M. L., & Tanur, J. M. (1984). *Cognitive aspects of survey methodology: Building a bridge between disciplines.* Washington, DC: National Academic Press.

Kallick-Kaufmann, M. (1979). The micro and macro dimensions of gambling in the United States. *The Journal of Social Issues, 35*(3), 7-26.

Krueger, R. A. (1988). *Focus groups.* Newbury Park: Sage.

Kulka, R. A., Schlenger, W. E., Fairbank, J. A., Jordan, K., Hough, R. L., Marmar, C. R., & Weiss, D. S. (1989). Validating questions against clinical evaluations: A recent example using diagnostic interview schedule-based and other measures of Post-Traumatic Stress Disorder. In F. J. Fowler, Jr. (Ed.), *Conference Proceedings of Health Survey Research Methods* (DHHS Pub. No. PHS 89-3447, pp. 27-34). Washington, DC: National Center for Health Services Research.

Lehnen, R. G., & Skogan, W. G. (1981, December). *Current and historical perspectives.* (The National Crime Survey Working Papers, Vol I). Washington, DC: Department of Justice, Bureau of Justice Statistics.

Lessler, J., & Tourangeau, R. (1989, May). Questionnaire design in the cognitive research laboratory. *Vital and Health Statistics* (Series 6, No. 1). Washington, DC: Government Printing Office.

Lessler, J. T. (1987). *Use of labaratory methods and cognitive science for the design and testing of questionnaires.* Stockholm: Statistics Sweden.

Locander, W., Sudman, S., & Bradburn, N. (1976). An investigation of interview method, threat and response distortion. *Journal of the American Statistical Association, 71*(354), 269-275.

Loftus, E. F., Smith, K. D., Klinger, M. R., & Fiedler, J. (1991). Memory and mismemory for health events. In J. Tanur (Ed.), *Questions about questions: Inquiries into the cognitive basis of surveys* (pp. 102-137). New York: Russell Sage Foundation.

Madow, W. (1967). Interview data on chronic conditions compared with information derived from medical records. *Vital and Health Statistics* (Series 2, No. 23). Washington, DC: Government Printing Office.

Mangione, T., Hingson, R., & Barret, J. (1982). Collecting sensitive data: A comparison of three survey strategies. *Sociological Methods and Research, 10*(3), 337-346.

Mangione, T. W., Fowler, F. J., Jr., & Louis, T. A. (1992). Question characteristics and interviewer effects. *Journal of Official Statistics, 8*(3), 293-307.

Marquis, K. (1978). *Record check validity of survey responses: A reassessment of bias in reports of hospitalization.* Santa Monica, CA: RAND.

Martin, E., DeMaio, T. J., & Campanelli, P. C. (1990). Context effects for census measures of race and Hispanic origin. *Public Opinion Quarterly, 54*, 551-566.

McDowell, I., & Newell, C. (1987). *Measuring health: A guide to rating scales and questionnaires.* New York: Oxford University Press.

Moore, J. C. (1988). Self/proxy response status and survey response quality. *Journal of Official Statistics, 4*(2), 155-172.

Morgan, D. C. (1988). *Focus groups as qualitative research.* Newbury Park, CA: Sage.

Morton-Williams, J., & Sykes, W. (1984). The use of interaction coding and follow-up interviews to investigate comprehension of survey questions. *Journal of the Market Research Society, 26,* 109-127.

Neter, J., & Waksberg, J. (1964). A study of response errors in expenditure data from household interviews. *Journal of the American Statistical Association, 59,* 18-55.

Nunnally, J. C. (1978). *Psychometric theory.* New York: McGraw-Hill.

Oksenberg, L., Cannell, C. F., & Kalton, G. (1991). New strategies for testing survey questions. *Journal of Official Statistics, 7,* 349-365.

Parry, H., & Crossley, H. (1950). Validity of responses to survey questions. *Public Opinion Quarterly, 14,* 61-80.

Payne, S. (1951). *The art of asking questions.* Princeton, NJ: Princeton University Press.

Presser, S. (1989). Pretesting: A neglected aspect of survey research. In F. J. Fowler, Jr. (Ed.), *Conference Proceedings of Health Survey Research Methods* (DHHS Pub. No. PHS 89-3447, pp. 35-38). Washington, DC: National Center for Health Services Research.

Rainwater, L. (1974). *What money buys: Inequality and the social meanings of income.* New York: Basic Books.

Rasinski, K. A. (1989). The effect of question wording on public support for government spending. *Public Opinion Quarterly, 53,* 388-394.

Robinson, J. P., Rusk, J. G., & Head, K. B. (1968, September). *Measures of political attitudes* (Library of Congress # 68-65537). Ann Arbor, MI: Survey Research Center, Institute for Social Research.

Robinson, J. P., & Shaver, P. R. (1973). *Measures of social psychological attitudes* (Rev. ed.). Ann Arbor, MI: Survey Research Center, Institute for Social Research.

Robinson, J. P., Shaver, P. R., & Wrightsman, L. S. (Eds.). (1991). *Measures of personality and social psychological attitudes* (Vol. 1). San Diego, CA: Academic Press.

Rodgers, W. L., & Herzog, A. R. (1989). The consequences of accepting proxy respondents on total survey error for elderly populations. In F. J. Fowler, Jr. (Ed.), *Conference Proceedings of Health Survey Research Methods* (DHHS Pub. No. PHS 89-3447, pp. 139-146). Washington, DC: National Center for Health Services Research.

Royston, P. N. (1989). Using intensive interviews to evaluate questions. In F. J. Fowler, Jr. (Ed.), *Conference Proceedings of Health Survey Research Methods* (DHHS Pub. No. PHS 89-3447, pp. 3-8). Washington DC: National Center for Health Services Research.

Schaeffer, N. C. (1991). Interview: Conversation with a purpose or conversation? In P. N. Biemer, R. M. Groves, L. E. Lyberg, N. A. Mathiowetz, & S. Sudman (Eds.), *Measurement errors in surveys* (pp. 367-393). New York: John Wiley.

Schaeffer, N. C., & Bradburn, N. M. (1989). Respondent behavior in magnitude estimation. *Journal of the American Statistical Association, 84*(406), 402-413.

Schuman, H. H., & Presser, S. (1981). *Questions and answers in attitude surveys.* New York: Academic Press.

Schwartz, N., & Hippler, H. (1991). Response alternatives: The impact of their choice and presentation order. In P. N. Biemer, R. M. Groves, L. E. Lyberg, N. A. Mathiowetz, & S. Sudman (Eds.), *Measurement errors in surveys* (pp. 41-56). New York: John Wiley.

Schwarz, N., Knauper, B., Hippler, H.-J., Noelle-Neumann, E., & Clark, L. (1991). Rating scales: Numeric values may change the meaning of scale labels. *Public Opinion Quarterly, 55,* 570-582.

改進調查問題：設計與評估

Sieber, J. (1992). *Planning ethically responsible research: Developing an effective protocol.* Newbury Park, CA: Sage.

Smith, A. F. (1991). Cognitive processes in long-term dietary recall. *Vital and Health Statistics* (Series 6, No. 4, Public Health Services). Washington, DC: Government Printing Office.

Smith, T. W. (1991). Context effects in the general social survey. In P. N. Biemer, R. M. Groves, L. E. Lyberg, N. A. Mathiowetz, & S. Sudman (Eds.), *Measurement errors in surveys* (pp. 367-393). New York: John Wiley.

Stewart, A. L., & Ware, J. E., Jr. (Eds.). (1992). *Measuring functioning and well-being: The medical outcomes study approach.* Durham, NC: Duke University Press.

Stewart, D. W., & Shamdasani, P. N. (1990). *Focus groups.* Newbury Park, CA: Sage.

Suchman, L., & Jordan, B. (1990). Interactional troubles in face-to-face survey interviews. *Journal of the American Statistical Association, 85,* 232-241.

Sudman, S., & Bradburn, N. (1974). *Response effects in surveys.* Chicago: Aldine.

Sudman, S., & Bradburn, N. (1982). *Asking questions.* San Francisco: Jossey-Bass.

Sudman, S., & Ferber, R. (1971). A comparison of alternative procedures for collecting consumer expenditure data for frequently purchased items. *Journal of Marketing Research, 11,* 128-135.

Sudman, S., Finn, A., & Lannon, L. (1984). The use of bounded recall procedures in single interviews. *Public Opinion Quarterly, 48,* 520-524.

Tanur, J. (Ed.). (1991). *Questions about questions: Inquiries into the cognitive bases of surveys.* New York: Russell Sage Foundation.

Turner, C. F., Lessler, J. T., & Gfroerer, J. C. (1992). *Survey measurement of drug use: Methodological studies.* Washington, DC: National Institute on Drug Abuse, Department of Health and Human Services.

Turner, C. F., & Martin, E. (Eds.). (1984). *Surveying subjective phenomena.* New York: Russell Sage.

Ware, J. (1987). Standards for validating health measures: Definition and content. *Journal of Chronic Diseases, 40,* 473-480.

Willis, G. B., Royston, P., & Bercini, D. (1989). Problems with survey questions revealed by cognitively-based interviews. *Proceedings, 5th Annual Research Conference* (pp. 345-360). Washington, DC: Bureau of the Census.

索引

A

B

C

D

K

M

N

O

P

Q

R

關於作者

　　Floyd J. Fowler, Jr.，美國密西根大學社會心理學博士。自 1971 年起便擔任波士頓麻州大學調查研究中心的資深研究員；曾任該中心主任十四年之久。Fowler 博士曾在哈佛公共衛生學院教授七年的調查方法，目前也是達特矛斯醫學院的研究人員。雖然他所活躍參與的調查，包括相當廣泛主題，如犯罪、衛生、住宅、交通、政府服務以及宗教等，主要的研究興趣還是在調查研究中發生錯誤的來源。他最近著作中所反映的主題，特別著重在減少與訪員相關的錯誤，以及改進調查問項的設計與評估。

弘智文化事業出版品一覽表

弘智文化事業有限公司的使命是：

出版優質的教科書與增長智慧的軟性書。

心理學系列叢書

1.　《社會心理學》

2.　《金錢心理學》

3.　《教學心理學》

4.　《健康心理學》

5.　《心理學：適應環境的心靈》

社會學系列叢書

1.　《社會學：全球觀點》

2.　《教育社會學》

社會心理學系列叢書

1.　《社會心理學》

2.　《金錢心理學》

教育學程系列叢書

1.　《教學心理學》

2.　《教育社會學》

3.　《教育哲學》

4.　《教育概論》

5.　《教育人類學》

心理諮商與心理衛生系列叢書

1. 《生涯諮商：理論與實務》
2. 《追求未來與過去：從來不知道我還有其他的選擇》
3. 《夢想的殿堂：大學生完全手冊》
4. 《健康心理學》
5. 《問題關係解盤：專家不希望你看的書》
6. 《人生的三個框框：如何掙脫它們的束縛》
7. 《自己的創傷自己醫：上班族的職場規劃》
8. 《忙人的親子遊戲》

生涯規劃系列叢書

1. 《人生的三個框框：如何掙脫它們的束縛》
2. 《自己的創傷自己醫：上班族的職場規劃》
3. 《享受退休》

How To 系列叢書

1. 《心靈塑身》
2. 《享受退休》
3. 《遠離吵架》
4. 《擁抱性福》
5. 《協助過動兒》
6. 《迎接第二春》
7. 《照顧年老的雙親》
8. 《找出生活的方向》
9. 《在壓力中找力量》
10. 《不賭其實很容易》
11. 《愛情不靠邱比特》

企業管理系列叢書

1. 《生產與作業管理》
2. 《企業管理個案與概論》
3. 《管理概論》
4. 《管理心理學：平衡演出》
5. 《行銷管理：理論與實務》
6. 《財務管理：理論與實務》
7. 《重新創造影響力》

管理決策系列叢書

1. 《確定情況下的決策》
2. 《不確定情況下的決策》
3. 《風險管理》
4. 《決策資料的迴歸與分析》

全球化與地球村系列叢書

1. 《全球化：全人類面臨的重要課題》
2. 《文化人類學》
3. 《全球化的社會課題》
4. 《全球化的經濟課題》
5. 《全球化的政治課題》
6. 《全球化的文化課題》
7. 《全球化的環境課題》
8. 《全球化的企業經營與管理課題》

應用性社會科學調查研究方法系列叢書

1. 《應用性社會研究的倫理與價值》

2. 《社會研究的後設分析程序》

3. 《量表的發展：理論與應用》

4. 《改進調查問題：設計與評估》

5. 《標準化的調查訪問》

6. 《研究文獻之回顧與整合》

7. 《參與觀察法》

8. 《調查研究方法》

9. 《電話調查方法》

10. 《郵寄問卷調查》

11. 《生產力之衡量》

12. 《抽樣實務》

13. 《民族誌學》

14. 《政策研究方法論》

15. 《焦點團體研究法》

16. 《個案研究法》

17. 《審核與後設評估之聯結》

18. 《醫療保健研究法》

19. 《解釋性互動論》

20. 《事件史分析》

瞭解兒童的世界系列叢書

1. 《替兒童作正確的決策》

觀光、旅遊、休憩系列叢書

1. 《觀光行銷學》

資訊管理系列叢書

1.　《電腦網路與網際網路》

統計學系列叢書

1.　統計學

改進調查問題：設計與評估

原　　著／Floyd J. Fowler, Jr.
譯　　者／傅仰止、田芳華
校　　閱／章英華
主譯者／國立編譯館
執行編輯／古淑娟
出版者／弘智文化事業有限公司
地　　址／新北市深坑區北深路三段 260 號 8 樓
電　　話／（02）8662-6826・8662-6810
傳　　真／（02）2664-7633
發行人／馬琦涵

總經銷／揚智文化事業股份有限公司
地　　址／新北市深坑區北深路三段 260 號 8 樓
電　　話／（02）8662-6826・8662-6810
傳　　真／（02）2664-7633
製　　版／信利印製有限公司
版　　次／2007 年 4 月初版二刷
定　　價／300 元
弘智文化出版品進一步資訊歡迎至網站瀏覽：
http://www.ycrc.com.tw

ISBN 957-98081-6-3

本書如有破損、缺頁、裝訂錯誤，請寄回更換！

國家圖書館出版品預行編目資料

改進調查問題：設計與評估 / Floyd J. Fowler, Jr.著；

傅仰止・田芳華譯. --初版. --台北市：弘智文化；

1999〔民 88〕

冊： 公分（應用社會科學調查研究方法系列叢書；4）

參考書目：面；含索引

譯自：Improving Survey Questions：Design and

　　　　Evaluation

ISBN 957-98081-6-3（平裝）

1. 社會科學—研究方法

501.2　　　　　　　　　　　　　88001268